Otto Sutermeister

Die schweizerischen Sprichwörter der Gegenwart

in ausgewählter Sammlung

Otto Sutermeister

Die schweizerischen Sprichwörter der Gegenwart
in ausgewählter Sammlung

ISBN/EAN: 9783743321069

Manufactured in Europe, USA, Canada, Australia, Japa

Cover: Foto ©ninafisch / pixelio.de

Manufactured and distributed by brebook publishing software (www.brebook.com)

Otto Sutermeister

Die schweizerischen Sprichwörter der Gegenwart

Die

Schweizerischen Sprichwörter

der Gegenwart

in

ausgewählter Sammlung

von

Otto Sutermeister.

Aarau.

Druck und Verlag von J. J. Christen.

1869.

Vorwort.

Zwei entgegengesetzte Vorwürfe pflegt man herkömmlich älteren und neueren Sprichwörtersammlungen zu machen: diejenigen des Zuwenig und des Zuviel. Den Vorwurf der Unvollständigkeit nehme ich meinerseits für die vorliegende Arbeit zunächst in der tröstlichen Ueberzeugung hin, es könne der Born des volksthümlichen Redeflusses, weil er ein lebendiger und unversiegbarer ist, überhaupt niemals erschöpft und deswegen niemals — auch nicht in den weitesten Räumen eines wiederholt aufgelegten Buches — alles das wirklich eingefangen werden, was sein Verfasser selbst gerne seiner Sammlung zugewendet hätte. Eine andere Art sogenannter Unvollständigkeit rechne ich dagegen meiner Sammlung zum entschiedenen Vorzuge an, indem ich dem zweiten jener Vorwürfe, der insbesondere bei einer provinziellen Sprichwörtersammlung in Betracht kommt, noch mehr als dem ersten zu begegnen bestrebt war. Unbestreitbar mehr nämlich als an Unvollständigkeit leiden die meisten unsrer deutschen Sprichwörtersammlungen an einer unkritischen Ueberhäufung, die den innern Werth derselben ebenso wie ihre Brauchbarkeit empfindlich beeinträchtigt. Vor Allem vermißt man eine bewußte Unterscheidung zwischen sprichwörtlicher, b. h. volksthümlicher Redensart und allgemeiner konventioneller Redeweise. Ich will mich in Beispielen möglichst kurz fassen. Wander, in seinem überfleißigen „Allgemeinen deutschen Sprichwörterlexikon" *) verzeichnet die Formeln: „Einen in Ruhe lassen" — „Festen Fuß fassen" — „Auf eigenen Füßen stehen"; Frischbier in seinen „Preußischen Sprichwörtern": „Reinen Tisch machen" — „Den Braten riechen" — „Sich den Leib voll ärgern" — „Man muß Eins ins Andere rechnen" — und hunderte von ähnlichen, die alle zusammen dem phraseologischen Theil des Wörterbuches, nicht aber einer Sprichwörtersammlung zustehen. Zu dem schädlichen Ballast der Sprichwörtersammlungen, von dem ich rede, gehören im Weitern jene farblosen und platten Sentenzen, die allen Sprachen und Nationen gleichmäßig angehören. „Wer Alles will, kriegt Nichts" — „Jeden drückt etwas" — „Wer gewinnen will, der muß verlieren können" — „Es ist Niemand, dem Nichts gebricht" — „Wie man's macht, so hat man's" — so liest man, wiederum unter zahllosen verwandten, z. B. in Kirchhofers Sammlung schweiz. Sprichwörter (Zürich, Orell, Füßli u. Cp. 1824). Und endlich haben auch nicht wenige Sammler sich verleiten lassen, ihre Bücher durch Aufnahme von Cynismen, an denen der Witz

---

*) Es sei mir gestattet, hier gelegentlich anzumerken, daß Wander meine mit historischer Treue aus der Volkssitte erhobenen „Schweizerischen Haussprüche" (Zürich, S. Höhr 1860), die er auch in seinem Quellenverzeichniß mit aufzuführen versäumt, viel zu wenig ausgebeutet hat, während den durchweg frei gedichteten „Spruchreden für Lehrer, Erzieher und Eltern" (Leipzig, Fr. Brandstetter 1863) die unerwartete Ehre widerfuhr, von ihm in aller Form dem deutschen Sprichwörterschatz einverleibt zu werden.

Nichts und die Zote Alles, zu verunstalten und übel auszudehnen, um — wie die beliebte Phrase heißt — „Vollständigkeit und wissenschaftliche Brauchbarkeit zu erzielen", ein Verfahren, das lediglich auf einer Begriffs= verwechslung beruhte, die auch auf andern, namentlich künstlerischen Gebieten, noch immerfort Mißverstand und Unheil stiftet: auf der Verwechslung von Volk und Pöbel, von Volksthümlichkeit und Gemeinheit. Ich möchte hier nicht mißverstanden sein. Vollständig stimme ich Jakob Grimm zu — und meine Sammlung giebt den Beweis — wenn er sagt (Wörterbuch, 1, 34): „Spott, Witz, Zorn, Schelte können nicht anders laut werden als in einem kühnen Wort; selbst in der Bibel gebricht es nicht an Wörtern, die bei der feinen Gesellschaft verpönt sind.... Es giebt kein Wort in der Sprache, das nicht irgendwo das beste wäre und an seiner rechten Stelle." Aber glaube man daneben doch auch: die Zote ist von Natur und von Rechtswegen kein natio= nales, volksthümliches oder provinzielles Gewächs, sie ist vielmehr überall zu Haus, wo die Scham nicht mehr zu Hause ist, und ist auch überall dieselbe; und wo ihr ein affektirter wissenschaftlicher Eifer das Wort redet, da steckt immer Beschränktheit oder noch Schlimmeres dahinter, und keineswegs das sittlich und ästhetisch be= rechtigte Wohlgefallen, das ein gesunder Sinn an dem derben Witz und der ehrlichen Grobheit des Volkes empfindet.

Eine provinzielle Sprichwörtersammlung hat sich in= dessen noch in einem andern Sinne zu beschränken. Sie soll nämlich ein Sprichwort nicht etwa schon des= wegen aufführen, weil es mundartliche Form hat oder gar nur weil es in der betreffenden Provinz zufällig auch gesprochen und gehört wird. Gerade dagegen aber hat sich die oben genannte Preußische Sammlung von Frischbier und hat sich die Schweizerische von Kirchhofer in größtem Maße verfehlt sammt allen Denjenigen, welche ihre kleineren Sammlungen schweizerischer Sprichwörter, sei es in der „Schweiz", den „Alpenrosen", der „Rauracia" oder andern heimatlichen Zeitschriften und Kalendern gelegentlich veröffentlichten, und welchen theilweise Wander wieder eben Solches als „schweizerisch" nachgeschrieben hat, was er aus seinen übrigen Quellen doch als gut „deutsch" hätte erkennen sollen. „Je größer die Noth, je näher Gott" — „Ist Saul auch unter den Propheten?" — „Das Blatt hat sich gewendet" — „Den Mantel nach dem Wind hängen", heißt es bei Kirchhofer; „Was lang lige bliibt, roftet" — „Er het weder Glück no Stern" — „Mit Gott i b'Händ speie", bei Andern. Sind solche Sprichwörter „schweizerisch", welche wären es dann überhaupt nicht?

In der vorliegenden Sammlung wurde demnach mit möglichster Konsequenz Alles ausgeschlossen, was von dem Kenner des schweizerischen Volkslebens und zugleich der deutschen Sprichwörterliteratur nicht sofort als spezifisch provinziell, als „urchig" schweizerisch erkannt werden müßte, Alles, was zugleich Hochdeutsch gilt, sofern nicht die mundartliche Form dem Gedanken doch irgend einen neuen Begriff oder eine entschiedene Wendung zuführte. Daß nach dieser Seite die Auswahl wohl noch strenger hätte durchgeführt werden sollen, mag ich nicht in Abrede stellen, gerade weil mir so sehr an einer nicht blos schweizerdeutschen, sondern schweizerischen Sammlung liegt; und dankbar würde ich bezügliche Winke, die mir von der freundlichen Hand zuverlässiger

Sachkenner zu Theil würden, zu allfällig künftiger Benutzung entgegennehmen. Wohlverstanden: Nicht als ob ich so naiv wäre, zu glauben, daß die Sprichwörter, welche ich hier spezifisch schweizerisch nenne, nun sammt und sonders in keiner andern Mundart der Welt sich wiederholten. Vielmehr, es sind solche, welche bei meinen Vergleichungen mit der ältern und neuen hochdeutschen Sprichwörterliteratur in hochdeutscher Fassung mir nirgends vorgelegen haben, außer, wenn solche etwa aus Kirchhofer, der leider alle echt schweizerischen Sprichwörter wo immer thunlich verneuhochdeutscht schrieb, in neuere Sammlungen übergiengen, um dort für hochdeutsch zu gelten. Wie nun aber bereits zahlreiche Provinzialismen aus manchen mundartlichen Sammelwerken, ferner aus Schilderungen des Volksthums, aus den Schriften eines Bitzius, eines Hebel, eines Fritz Reuter und vieler Andern allmählig vor unsern Augen Bürgerrecht erworben haben in der hochdeutschen Schriftsprache, so möchte leicht meinem bescheidenen Büchlein neben der einen Bestimmung: gegenwärtig Aussterbendes vor der Vergessenheit zu bewahren, noch die andere zu Theil werden: zu der fortwährenden Befruchtung und Bereicherung beizutragen, welche die Schrift= und Literatursprache von Seiten der Mundart überhaupt erfährt.

Ueber den Gesammtcharakter, der meiner Auswahl zukommt, nur ein kurzes Wort. Gewiß, nicht Alles, was dem Leser hier geboten wird, ist geistreich oder sonderlich witzig; es mag dem einzelnen Leser Einzelnes für sich genommen geradezu den Eindruck des Ueberflüssigen oder gar jenes Platten, Inhalts= oder Geschmacklosen machen, das ich doch fern halten wollte; aber die allfällige Verstimmung, mit der man sich von derlei

Einzelheiten abwenden mag, muß jedem um die allseitige Erkenntniß der Volkspsyche sich Bemühenden bald verschwinden über der vorwiegenden Menge des Treffenden, durch echten Witz und gründlichen Verstand Ueberraschenden; und schließlich gehört eben zu dem richtigen Verständniß des volksthümlichen Sprichwortes durchaus jene volksthümlich zugerüstete Seele und jene konkrete Anschauung des wirklichen Lebens, welche der Göthesche Spruch meint:

> Sprichwort bezeichnet Nationen,
> Mußt aber erst unter ihnen wohnen.

Im Uebrigen bleibt mir über Ursprung und Einrichtung meines Büchleins noch Folgendes zu bemerken. Meine Sammlung umfaßt nur das gegenwärtig lebende Sprichwort. Ich sah also ab von den größtentheils nur literarisch vorhandenen sogenannten historischen Sprichwörtern, weil solche mir einer monographischen Behandlung bedürftig und würdig erschienen. (Was Kirchhofer hierin bietet, wäre zu einer künftigen Monographie immerhin ein fruchtbarer Ansatz.) Meine erste Quelle war vielmehr der Volksmund. In drei schweizerischen Kantonen nach einander wohnhaft, an Sprache und Sitte der meisten übrigen durch öfteren Aufenthalt daselbst gewöhnt, befand ich mich zudem auch beruflich in der wünschenswerthesten Lage eines Sammlers aus erster Hand. Eine zweite Quelle sodann waren die mündlichen und schriftlichen Mittheilungen persönlicher Freunde, denen hiermit auf's Beste gedankt sei — eine dritte, jene zerstreuten journalistischen Proben, von denen oben die Rede war, nebst anderen mehr und weniger ergiebigen Druckquellen wie Stalder: schweizerisches Idiotikon; Tobler: Appenzeller Sprachschatz; Schild:

der Großätti aus dem Leberberg; Senn: Chellelänber Stückli u. s. w. Nur mit großer Behutsamkeit durfte dagegen die schweizerdeutsche Literatur beigezogen werden, weil hier gar Manches sprichwörtlich klingt, was oft nur eine glückliche Improvisation ist. Als vierte Quelle habe ich endlich eine Auswahl aus den „Papieren des schweizerischen Jdiotikons" zu bezeichnen. Ein zweimal mit dankenswerthester Liberalität gebotener Anlaß setzte mich nämlich in den Stand, nicht nur einen Blick in den außerordentlichen Reichthum der bereits angesammelten handschriftlichen Schätze dieses Jdiotikons zu werfen, sondern auch eine Probe davon auszuheben und damit meine eigene Sammlung schließlich noch um werthvolle Beiträge zu bereichern. Was ich vor neun Jahren in einem Vortrag vor einem Kreise von Berufsgenossen*) als dringlich wünschbar darstellte: eine berufene Hand, welche alle vereinzelten Sammlungen mundartlicher Denkwürdigkeiten ihrer gemeinsamen wissenschaftlichen Verwerthung entgegenführte, als Bausteine zu dem vaterländischen Denkmal eines neuen schweizerdeutschen Jdiotikons — diese Hand hat sich zur freudigen Genugthuung aller Freunde schweizerischer Kultur gefunden; **) ihr möchte deshalb auch in erster Linie dieses gegenwärtige Büchlein mit Zinsen zurückgeben, was es dankbar von ihr empfangen.

---

*) S. Pädagogische Monatsschrift für die Schweiz, Zürich 1861 S. 65: „Das verhochdeutschte Hausdeutsch."

**) S. Rechenschaftsbericht des schweizerischen Jdiotikons an die Mitarbeiter, abgestattet von der Centralkommission 1869. Dazu: Das Brot im Spiegel schweizerdeutscher Volkssprache und Sitte; Lese schweizerischer Gebäcknamen aus den Papieren des schweizerischen Jdiotikons. Leipzig, S. Hirzel 1868.

Gleich den historischen, und auch aus gleichem Grunde, habe ich die mit physischen und beschränkt lokalen — landwirthschaftlichen und meteorologischen — Verhältnissen sich beschäftigenden Sprichwörter ausgeschlossen. Steht nun hier gleichwohl z. B.: „Me mueß be Chüje b'Milch zum Baren i schoppe", so hat man es eben bei diesem Sprichworte wie noch bei vielen verwandten, nicht mit einem wirthschaftlichen Erfahrungssatze, sondern mit einer metaphorischen Redeweise zu thun. — Der Mundart habe ich nur in einigen dringend scheinenden Fällen eine erklärende Uebersetzung beigefügt, weil im Uebrigen das künftige schweizerdeutsche Wörterbuch dem Unkundigen die nöthigen Aufschlüsse geben wird, ein besonderes Vokabularium aber in diesem Büchlein unverhältnißmäßigen Raum beansprucht hätte. Wo der Fundort des einzelnen Sprichwortes nicht angegeben ist, da ist dasselbe durchschnittlich allgemein im Gebrauch; aber auch da, wo ein solcher genannt ist, darf so wenig angenommen werden, daß sein Vorkommen sich lokal immer auf jenen beschränke, als etwa aus der Aargauer, Schaffhauser oder Berner Mundart, in welcher ein Sprichwort nach seinem zufälligen Fundort erscheint, gefolgert werden darf, daß dasselbe nur im Aargau, in Schaffhausen oder Bern im Schwange sei. Nur weil es voraussichtlich für manchen Leser Interesse hat, daß das Sprichwort jedenfalls dort zu Hause, ist ein Ort genannt. — Was endlich die Anordnung betrifft, so habe ich die ursprünglich versuchte alphabetische Methode an die systematische vertauscht, weil mit dieser zugleich einem jedem Sprichwort von selbst eine allgemeine Erläuterung gegeben ist, und überdies eine alphabetische Reihenfolge unüberwindbare Hindernisse und Mangel=

haftigkeiten mit sich führt. Soll z. B. nach dem jeweiligen Hauptbegriff des Sprichwortes geordnet werden? Dann ist der „Hauptbegriff" in hundert Fällen problematisch. Soll der zufällige Anlaut des ganzen Sprichwortes seine Stellung entscheiden? Dann schaffen vielleicht mehrfache Varianten desselben neue Verlegenheiten. Kurz, alle angeblichen Vortheile der alphabetischen Methode fand ich illusorisch. Damit soll keineswegs geläugnet sein, daß die systematische Anordnung ebenfalls ihre Mängel hat: Manche Sprichwörter werden in verschiedenen Bedeutungen zugleich gebraucht und hätten demnach ebenso gut anderswo untergebracht werden können als da, wo sie nun stehen. Diesem Mangel suchte ich dadurch zu begegnen, daß ich prägnante Abweichungen in der Bedeutung an Ort und Stelle konstatirte. Besser als irgend eine theoretische Abhandlung es vermöchte, bringt jedenfalls eine so gegliederte Sammlung dem Leser die ganze Genesis des Sprichwortes vor's Auge.

Möge nun sein guter Stern das Büchlein zu allen Denjenigen geleiten, in deren Sinn es empfangen und geworben ist.

I.

Gruß und Anrede; Glückwunsch und Beileidsbezeugung.
Interjectionen: Verwunderung, Betheuerung, Aufforderung und Abfertigung, Drohung, Verwünschung.
Nachsprechscherze.
Sprichwörtliche Namen-, Reim- und Wortspiele.
Sprichwörterglossen und Parodieen.

Gruß und Anrede.

Gott grüeß ech!*)
Gott grüez i! Grüez i! (Zürich.)
Gottwilche! Bis Gottwilche! (Bern.)
Guet Tag gäb i Gott!
Guet Tag geb isch (uns) Gott! (Wallis.)
Guete! (Winterthur und Thurgau.)
Tag wol!
Helf Gott! (Zürich.)
Aabi! (Beim Antritt. Basel.)
    Dank i Gott. Bedank mi. Säg Dank zum Schönste. (Ostschweiz.) Dank heigisch, Dank heiget er. O en guete Tag. (Bern.)
Guete Tag z'Laden ii, so git's kei Loch is Dach.
Bist au wider hiessig?
Weli Stoob mueß i go umhaue? (Zum seltenen Besuch.)
Du chunnst mer gwüß wie abblose.
Du bbreichst mer's iez grad.
Stelled au e chli ab.
Nämed Platz, s'chost en Oertli. **)

---

*) Allgemeine Grußformeln lösen sich streng nach der Tageszeit ab. In Zürich z. B. gilt Vormittags bis eilf Uhr: Guete Tag; von da weg bis Vesper: Gott grüez i; und schließlich: Gueten Obig.
  **) Wortspiel. Oertli = 4 alte Zürcher Batzen.

Hock nu bei zue wän er müeb sind. (Zürich.)
Hocked nu do here, Herr Pfarer, wou euses Hündli gsässen ist.
Hocked Si au e chli ab, Herr Pfarer, er werdet müeb sii
   wie en Hund.
Thüend au wie diheim.
Nähnd mit Schlächt verlieb.
Thue mer Bscheid.
Gse Gott! Gott gsägn' is mitenand.
Nänd wänn der möit und wänn's ech nid gruuset.
Grüsset zue!
Sä sunf Gmeinrath!
   Es ist gwüß schier nüd zthue. s'Ist gwüß uverschant.
   I mag gwüß nümme, i bi bis z'oberst ue voll, i chönnt's
   mit eme Finger erlange, me chönnt's abstriiche. Dank
   z'tuusighundert Mole. De Herrget wöll der's zähfach
   wider gee. De Herrget wöll i's am en Andre gee. —
   s'Isch gern gscheh. s'Mag si nid verliibe.
Wa händ er welle?
Was hesch wölle, Herdöpfel oder Bölle?
Wa wänd er, Papier oder Kaländer?
Was helt er, was welt er? (Bern.)
Was bütet er Guets?
Was thuon er? (St. Gallen.)
Was sött sii? (Wirths Frage.) Heid er aswas wellun?
   (Wallis.) Mueß na en Schoppe sii? Gänd is b'Ehr
   en anders mol! (Beim Weggang.)
Gaumed er? (Zürich.)
Triibed er Churzwiil?
Henn er Stubete? (St. Gallen.)
Siit er am Hängert? Heid er a Hängert mitenandere, au
   Dorf mitenandere? (Wallis.)
Sind er am Schatte? Thuet's es eso am Schatte?
   Jo jo es mag ll echt.
Sind er am Schärme?

Händ er з'Liecht in Ofe gstellt? (Wenn der Ofen kalt ist.)
Ihr händ au vil Flüge?
　Jo, aber es sind nid miini, з'sind з'Nochbers Chätzere, miini sind ufe Boden abe gwänt.
Chöned er's gschweige?
Sind er andächtig? (Zum Lesenden.)
Siit er geistlich? (Zum Andächtigen.)
Machst Kaländer? (Zum Nachdenklichen.) De hürig Kaländer isch scho gmacht.
Nüneled er? Obeled er? (Vesperbrod.)
з'Macht doch herrli Wätter.
　Jo das ist Wätter, me sett e kein Batze Schulde ha.
з'Macht warm.
　Jo me spürt's.
Haltet er guete Roth?
De Schuemacher hät Droht.
Hend er guet Röth?
　Mer gäbe si wolfel. Um ene Maß chönnted er alli ha.
Sid ihr spaziere gsii?
　Jo vo der Handzwächele bis zur Stubethür.
Hend er Späcksome (Ferkel) gchauft?
Hend's brösch? (Zum Melkenden.)
Hend er Wassermangel? (Zum Wassertragenden.)
Macheb er's suuber?
Thuesch öppis?
Wänd er's hei thue?
Mueß з'abe? (sc. Obst.)
Bist hantlig?
Flißig fliißig? Streng streng?
　E chlii. з'Passiert. Es thuet's.
Hend er au guet (sc. arbeiten)?
　He nid so gar; mer chönd nid starch rüeme.
Loot's au gern? (Zur Wäscherin.)
Schnurret's? (Zur Spinnerin.)

Git's wol uus?
Mögeb er's?
Haut's es?
    Jo wåhrli es mueß. Haut's es nib, fo weßt me's.
Hänb er no kei Ruggeweh?
    Jå woll, s'ift ebe gar wit unbe.
Überwercheb i nüb.
Machtb bas ir's mögib erliibe.
Lönb ech berwiil.
Nu nib gftrütlet. (Jronisch zum Saumseligen.)
Sinb nib z'ftreng.
Thüenb alsgmach.
Mueß 's hüt no under Dach fii?
Sinb er balb fertig?
    s'Hät's lez bånn glii.
Git's no nib balb Fürobig?
    s'Wirb's iez bånn mehbe mehbe. (Zürich.)
Macheb balb Fürobe.
Hänb au Fürobe!
    Balb einift.
Laufeb nib z'ftreng.
Mueß s' obfi fii, nibfi, burine, buruus, heizue u. f. w.?
Goht's uufi, aabi? (Rheinthal.)
Wohii?
    Um Helmet zue, wie b'Chinb.
    Of Gäbells ui gi Hennabreck ritere. (Appenzell.)
Wohl gohft?
    Uf Chlingen ufe unb oben abe luege.
    Nöume hi wo kei Ofe ftoht.
Wo witt hi, Häufi?
    J Chüebräck Herr Pfarer.
Git's Gspoone? (Antrag zum Begleiten.)
Wo brennt's? Wo meint men as s' fei? Laß e laufe!
(Zum Vorübereilenben.)

Was machsch?
E Brust uf e Hüenerchräze. (& Handhebi an e Strausack,
an en alte Mehlsack.
Bist fertig?
Jo bis as Wurste.
Häst usgschloofe?
Nei, i möcht z'Nacht wider.
Gueti Andacht verrichtet? (Nach vollendetem Gottesdienst
in ober außer der Kirche. Thurgau.)
s'Best tho.
Händ er o für mi bättet? (Thurgau. Solothurn.)
Was läbsch?
Gsund und bös Gottlob. I chume dervo.
Läbt er au no?
Jo er ist no wüest läbig.
Wie goht's?
So so la la. I cha nenme nid rüeme. s'Macht si.
Es ist au e so. Es thuet's. s'Mueß guet si bis s'
besser chunnt. s'Chönnt besser goh. Es geit gäng wie
gäng, eister wie eister. Wie's will. Wie's de Tüfel
am liebste het. Wie uf der Geisle gschlöpft. Wie e
Bröckli Brot. Wie Schmalz. Nüd uf eim Bei. Uf
zwei Beine wien e halbe Hund. Uf de Chöpfe we me
Negel in de Schuene hät. Es goht wie's cha und mag
und goht doch nid rächt. Es goht zweimal übel öb
einisch guet. Wie goht's? wenn's nid bricht so loot's;
ritet's nid so goht's.
Wie bisch über de Winter cho?
Wie s' Gossauer Hüendli: mit Marter. *) (Zürich.)
Heit er Spillüt im Muul? (Zahnschmerz.)
Was wäm mer mache?
Chatze bache. Niberhocke und lache.

---

*) Wortspiel mit Marder.

Well Zit isch?

E chli meh weber vorig. So spat das gestert um die Zit. Dreiviertel uf Bohnestäcke. Viertel über be Chämi=stäcke, und wenn b's nid glaubst, so schmöck am Stäcke. Halbi brüber, und wenn's bruff ist, so schloht's.

Was für Zit?

Was under em Zeiger lüt.

Was hend er z'Imbig? Was git's au hüt z'Mittaag? Suppe, Gmües und b'Feister zue. *) Chämiwürst und b'Feister zue. Wäntelechrös. Wälschi Kukumere und bütsche Saloot. Laßsiipastete und Mangelturte. Gmun=dierti Chnöpfli. Marzipan und Speiete. Giggernillis und Chräbsläbere. Spimuggeneier (Spimuggehirnli), Chräbschuttle und Schnäggenohre. Dige Bocksfüeß und Spimuggelechrös. Gschnetzlet Schabhüet oud bega Bock=füeß oud tüer Schneeballe. Gimpesbee oud bbroota Nobla oud bega Bockfüeß. Ghacket Schnauze und e früntlis Mählmues. Gwönberlisuppa oud Frögli brin. Gwönderzonna oud Frognomma.

Was für es Chrömli bringst mer hei?

Es Nuteli, es Tuteli und es Leerheigängeli. Es golbigs Nüteli und es Draheigängeli. Es golbigs Nüteli und es silberigs (e lange) Denkbra. Es Nütebrückli und es Nienewägeli. Es Nienewägeli und es Hätteligern, es Wärtelilang und es golbigs Nüteli druff. Es gulbigs Nienewägeli und es längs Beitewiili (und e lange Wartisbruff).

Wer ist bi euch?

D'Frau Bas mit der Schnorenas, der Lebbäc **) und si Frau, kennst's au?

Woher bist?

Vo Nieneweerd und boch bo.

---

*) Wortspiel mit: Fleisch dazu.
**) Le père.

Chind, wesse bist?
  Dem Aetti und der Mueter und s'Vögells uf em Mist.
Wo ist er?
  Zwüsche Hut und Ohre (i der Hut und zwüschet be
  Ohre, i de Hose und zwüschet be Ohre), und wenn er
  nid bert ist, so ist er verlore.
  Im Hämp.
Was seist?
  De hebsch e Nase wie en Wulheist (Aargau; wie en
  Schueleist: Zürich). J der Müli seit me's zweumol.
  De Pfarer prediget nu eimol. Das seit me nid nie=
  derem Nar.
Was säst?
  Hans Gäst. (Appenzell.)
Was isch?
  Meh Wasser as Fisch.
  Mäntig.
Was?
  En brootne Has. En alte Has und gäng no was.
  En alte Has, het s'F. voll Gras. En alte Has mit
  langen Ohre het s'F. verlore. En Fuchs. E versunsti
  Chatz, wenn's di büßt so chratz. D'Chatz ist di Bas,
  der Hund ist bi Vetter, schleckt alli Tag Bletter. Katz
  ist die Bas, Hund ist der Vetter, Gaiß frißt gern
  Bletter. Es Hämpveli Gras, wenn's di brönnt, so blas.
  Alti Frau Bas. E nasewiifi Gwundernas. s'Jst jedem
  Nar e Frog erloubt. Gfrogt hesch.
Wa?
  Hesch's am Zah, putz b'Nase bra.
  Bim Sant Antoni von Padua suech mer was i verlore ha.
Wer?
  Der alt Bär. Der Hans Blär. Der Peter Blär. Der
  Blär, si Frau und bu au. De Herr vo Leer und si
  Scheer und si Frau und bu au.

Wo?
>   Drei Stond hönder Gotterbarm.
>   Z'Bümpliz uf der Pelzmüli.
>   Z'Tripstrill wo b'Gäns Hoorsecfel trage.
>   Wo ist der sernbrig Schnee?

Wo brönnt's?
>   Im Füüröseli.

Wänn?
>   Das weiß ke Buur i der Gipf.
>   Ano Tubak. Ano Schnee bi dem grooße Nüüni wo de Bach über de Haag ie glampet ist.
>   Morn z'Nacht, wenn b'Mueter Chüechli bacht.
>   Z'Nacht, wenn b'Chatze enand chreze.
>   Wenn b'Chatze Gänseier lege.
>   Wenn b'Hüener fürsi schareb.
>   Wenn b'Chue en Batze gilt.
>   Wenn de Rhii brennt und b'Chue drei Batze gilt.
>   Wenn en schwarze Schnee fallt.
>   Wenn b'Chiselstei teigg werdeb.
>   Wenn b'Aare (de Rhii) obsi lauft.

Wie?
>   Chrüzwiis und überzwerch.

Wie vil?
>   Sibezächni und es Chrättli voll.

Wie wit?
>   Bis in alte Kaiser in Basel.

Wie alt?
>   Der Chopf ist so alt as s'F., und s'F. het no nie zahnet.

Worum?
>   Nienerum. Asborum. Wenn i pfiife so chumm.
>   Bo wäge wui und nesba.

Woromm?
>   Wägem Färber im Schönagrond. (Appenzell.)

Los! — Wenn's bi bräunt so bloos.

Wottſch es müſſe? — Nimm e Ma (e Dreck) und chüſſe.
Witt e Zwätſchg? — Biſt e Här.
Heſch kalt? — So ſchlief in e Spalt.
Heſch warm? — So ſchlief in e Darm.
Heſch heiß? — So ſchlief in e Gaiß.
Heſch eberecht? — So ſchlief in e Metzgerchnecht.
Heſch mi welle? — Schleck be Chelle. Chatzechelle.
Du chäliş Wunderchelle!
Wunderfitz, häſch ş'Näsli gſpitzt, hät doch nüt gnützt.
Für be Gluſt heſt gha und für be Hunger iſch's nüt.

———

Bhüet i Gott! Bhüet is Gott! (Zürich.)
Bhüet ech ber lieb Gott! (Bern.)
Bhüet ech ber Herrget!
Bhüet Gott, iß z'Vesper wenn b' no nüb gha häſt.
Gott bhüeti und gaumet! (Zürich.)
Gaumeb wol. Häub churzi Zit.
Läbit wol und zürnet nüt.
Abies und nähnb nüt für unguet.
Abie läbeb wol und thüenb au wien ich jett thue.
Thue an rächt, ſe verwunderet ſi b'Lüt.
Chum au guet hei.
Chönnb deß glitner wiber.
Chömeb au wieder bis zum Kafi.
Chömeb au — balb nümme.
Chömeb au meh zuen is.
Chönb meh.
Chömeb meh zuen is — mer ſinb gern elei.
Schlofeb wol.
   Thüenb em au e ſo. (Zürich.)
Schlaf wol und lig übel, büßt's bi ſo ſchitt ṡ'Grigel.
                              (Wallis.)

Nachtziggi, daß b'Chatz bi der liggi! (Kinderrede.)
Guet Nacht — dur e Wald ab.
t'Nacht äbi Gott!
Get mer ewe Litu gut Nacht. (Wallis.)
Walt Gott trüülli!

Glückswunsch.

Neujahrwünsche.

I wünsch ech es glückhaftigs, fried- und freuberiichs, gäg-
nets neus Johr; i wünsche, das er no vil folgedi Johr
mögid erläbe i gueter Gsundheit und allem Säge.
Dank i Gott, Gott gäb ech au so vil.
I wünsch ech es guets glückhaftigs neus Johr und Alles
was der gärn hättib (und Alles was ech wohl chunnt
a Liib und Seel — und Alles was ech wohl thuet hier
zittlich und dört ewig).
I wünsch ech es guets glückhaftigs neus Johr mit mehrere
Freude, mit mindere Sünde, das mer enand einist
chöneb im Himel finde.
I wünsch ech, as er no lang läbib und gsund blibib und
vil Glück erläbib und baß ech einist der lieb Gott zuen
em i Himel ufnäm.
I wünschen ech as guets u glückhaftigs neus Jahr u zletsch
as säligs Aend. (Bern.)
I weusch der nüb as s' lieb Herrgotte-Glück. (Zürich.)
So vil Tröpfli im Räge, so vil Fätzli im Schnee, so vil
Sand am Meer gläge, so vil Glück und so vil Säge
wöll euch Gott der Höchste gee. (Aargau.)
I weusche bir au was de Bruuch ist.
I weusch der Glück und groß Jück. *)

---

*) Scherzhaft.

Beileidsbezeugung.

De Herrget wel i s'Leib ergetze. (Zürich.)
Bhüet is Gott vor Leib.
s'Isch ech bös gange.
Tröstet ech, er het's bört besser.
Will's Gott so henb er e Seel im Himel.
Tröst ech Gott in eurem Leib, des Chindes Seel im Himel sei.
Ach tröstet euch, unser Herrgott hät's githan; es ist doch no
   nit der Verlust van ar Chuo. (Wallis.)
Henb churzi Zit.
Me mueß wider mit de Läbige huuse.
Hälf (tröst) ech Gott im Leib.
Bhüet (bewahr) ech Gott vor Leib. (Erwiederung.)

Interjectionen.

Verwunderung.

Potz Dä und Dise!
Potz Straßburg!
Potz Strehlwetter! Potz Wetterli! Bim Wätterli!
Potz Himel a der Bettlade!
Potz Donnstig vor em Fritig!
Potz Tüfel wille!
Potz Tüchtig!
Potz tuusig, hüt ist b'Chatz kei Här!
Potz tuusige Däge, der Wind chunnt vor em Räge!
Potz tuusig Sack voll Aente!
Potz Sapperment — Safferment — Schlapperment — Sap-
   perlenz — Sapperstrenz — Sapperble — Sappermost —
   Sapperlot!
Potz Hackement — Hackermänge — Hackermost!

Potz Ment! Bockermentlig!
Potz Chrüzifahne und Chriefiftei, b'Buebe fuere b'Meitfchi hei!
Potz Chrüfeli!
Potz Schock Milione Patrone, der Dobeli chunnt fie flohne!
Potz Hebet!
Potz Hund!
Potz Hüenertod be Güggel ift en Wittlig!
Potz fchimpfig!
Potz Chrieg!
Herrgott Niniveh!
Nunbebie!
Barbi!
Herr Jee, Jeeger, Jeegerlis, Jeemer, Immers!
Jes Marei!
O Jöfes Gott!
Um tuufig Gotts wille! He z'tuufig!
E Gotts Here Gotte Name!
Ach miineli!
O Himel fchick Paftete und mir be gröft Bitz!
En Batz i thue! (Bern.)
Verzieh mer'fch Gott!
Verzieh mer's Gott mi fchweri Schuld!
Tüfelsparnam!
Tüfelsparhutte!
Tüfel abenangere!
Tüfel nimm mi nit!
He nei flieh mi au der Tüfel!
Was der Tüfel nid thuet wil er jung ift!
Eh der Tütfchel!
Was mues men ä no ghöre bis men alt ift!
Dunnerfchieß!
Der heiter Donner fchieß!
З'Dunner dänn au!
З'Dummer Hammer!

He z'Strom!
De Chätzer wille!
E der Chäpper!
Bim tuusig Chäppeler!
Du ebigi Saite!
E du miin Trost!
E du grüeni Barmherzigkeit!
E du armi Grächtigkeit, liist im Bett und hest ke Chleid!
E du gschickti Wurst, gist über s'Johr en Schüblig!
E bhüet is Gott, i mueß schier zum Chrüegli werde und
    zum Gütterli use luege!
E bhüet is Gott und alli Wält!
Ae bhüet is Gott und gsägn' is Gott!
Bhüet is Gott und Vater!
Bhüet is trüüli!
Ae Bhüetiskeit!
Ei Jochelee! (Zürich.)   Jocheli! (Bern.)
Nei ses gwiß! (Bern.)   Ninis gwüß!
Nei bim Hund!
Nei bim fuule Dunnstig au! (Zürich.)
s'Wird ämig au nid si! (Zürich.)
Hetocht! *) (Appenzell.)
He du aller Wält!
He du allmächtigi Güeti!
Mit sammt em! (= ei ei.)
He se nu se be!
Lueg au bo here!
Gäl au bo here!
Los ä bo zue!
Schla mi s'Gitzi!
Oppis Hunds!
s'Ist e großi Hellestroof!

*) = Warum nicht gar!

s'Ift e Wältsstroof!
s'Ift e großi Strooß bis gc Basel abe!
s'Ift dänn doch zum Wilbi werbe!
s'Ift schröckeli we me grüselt bra bänkt!
Ist das au menschemüglt!
Das ist gegen alli Chleiberornig!
Das ist majorisch! (Aargau.)
Das ist en schöne Apropo! (= Unterschied.)
Das ist nib nüt.
Jez wirb's mer nümme besser!
Merksch be Schapiter!
Häst gseh rüche!
Häst mer e niene gseh!
Häst e gseh be Billeter! (Zürich.)
Kei Wunder macht be Hund Plunder: er het der Mueter
   b'Buchi gfrässe!
Nib e Wunder sch. eusi Chue Plunder: si het gester e Bett=
   zieche gfrässe!
Ebe so mär ist b'Geiß verreckt!
Da steckt be Butze!
Es het mer doch no welle sii!

Betheuerung.

Jere ja! (Bern.)
Jo scho! (Zürich.)
Jo berzu!
Säb ifch!
Säb wett i meine!
Allwäg!
Perse, Persche!
Wowoll, Momol! Spaß aparti!
s'Jch nu se gwüß!
s'Jsch kei Red! (= gwüß.)
s'Bott! (Bern.)

Wäigger! (Zürich.)
Dütli! (Bern.)
Schätz wol! (Zürich.)
Säg i heb's gseit.
Mis bhalts.
Oppe ja! Oppen au!
Oppe Gottel, egottel, egoppel, goppel, goppel au, goppelheja,
    Gottwell! So Gottel! Ja s'ber Gott! (Bern.)
Bigopp, bigopplig, bipopp, bigopslig, bigotzlig!
Bigost, bigostlig, bigöst, bigöstlig, zgöst!
Bigönig!
Bim Goffert!
Bim Hebet!
Bim dreibeinige Donnerstüfel!
Bim Tüchtel, bim Dütschel, bim Dieter und Dütschel!
Bim Tüüggeler!
Bim Tüner!
Bim Tiller, bim Tilber, bim Täller!
Bim Tiger!
Bim Hell!
Bim Hackementlig!
Bim Chrüz am Stäcke!
Bim Chrut am Becki!
Bim Chrutmilzbrand!
Bim Dunderli!
Bim Dolber!
Bim ebige Strom Dummer Hammer!
Bim Strehl!
Bim Wätti!
Bim Schnegg!
Bim Hafner!
Bim Bluest!
Bim Drack!
Bim Hund!

Bim Eicher, bim Eichli, bim Eicherlig, bim Eichle=Drü,
  eibli bim Eid!
Bim Chätzli!
Bim Heuel!
Bim Aveheuel! (Luzern.)
Bim De und Dise!
Bim Gwüsse! Bi Treu und Säligkeit! Bi mine Muet!
  (Aargau.)
Mi Seecht, mi Seechtlig, mi Sechti, mi Ser, mit thüri
  Gott Seel, mi armi thüri Himelsgottsseel, mi Armi,
  mi Thüri!
s'Ist mit Gott Seel wohr!
Es ist so wohr as Ame!
Nähm's der Tüfel es ist wohr!
Nähm mi der Tannast!
Der Tüfel soll e Schelm si — der Tüfel soll verrecke, wenn's
  nid wohr ist! I will nid flueche, aber der Tüfel söll
  mi näh!
De Güggel soll mer s'Westli verbicke!
Der Stier soll mi huble!
Es soll mich ds Böicha holu! (Wallis.)
s'Heilig Donnerwetter soll mi verschieße!
Das Möckli Brod soll mi verspränge!
I will nid vo dem Platz eweg cho!
I will nit lebens hie hinne gah!
I will kei gsundi Stund meh ha!
I will kei Theil am Himmel ha! I will s'Tüfels ver=
  fluecht sii!
I will mi so henke!
I will mer so de Chopf abschlo!
I will mi so z'Chrut und z'Fätze verschlo!
I will mi so verriiße und verzehre!
I will mi so i b'Pfanne haue!
I will hinderst ge Rom laufe!

I will der gäbele es isch so!
I will Hans (Hansjoggeli) heiße!
I will en Chäzer see!
Es gilt es Chüechli, en Schüblig!
Do büßt kei Muus en Fade meh ab!
So hät be Hund e Schnore!
I wett en Finger ab der Hand brum gee!
s'Mueß sii wie wenn b's an en Ofen ane rebtist!
Wenn b's nib glaube witt, so bätt bis b' zum Glaube chunnst.

Aufforderung, Abfertigung.

Mach mach! Mach as s'lauft! Mach au!
   I bi scho gmacht, aber gar übel grothe.
Ufrecht, b'Auge find obe!
Hoscho! Sabie! Sebie!
Chum los mer abu. (Wallis.)
Heb b'Hand an Bast!
Fest am Stäcke!
Druuf mit der Läderfüle!
Hau zue so wirb's Sunntig!
Tummle bi Fuchs, der Tag ist churz!
Nu nohe mit dem F., nohe mit der Wiebe!
s'Muul uuf ober be Gäldseckel!
Hau si Lukas, es ist en Amsle!
Hü Bützi der Baum uuf!
Hü bevorna, so goht's be henna!
Is uuf, so git's schön Wätter!
Säg's Niemertem weder s'Heere Büseli.
Wag's nu, b'Frösche waget's au wenn si is Wasser springeb!
Use Bueb, der Vater het s'Hüsli verchauft!
D'Hand vo der Butte, s'find Wiibeeri brin!
Schmöck am Faß, es grönelet.
Schmöck am Stitzli, es gräänelet.
Häsch errothe, schmöcksch be Broote?

Hüst ewegg, hott bin i schulbig!
Uufghört mit den Imbe!
Abe Büsi, Büsi undere!
Thüend doch au wie wän er Menscheverstand hettib!
Hürentbeiß gib disem au eis.
Witt mi, so hol mi!
Danki Gott, so cha mes i der Apitheegg chaufe!
Platz für sibe Ma, s'chunnt e Mugg — s'chunnt e Hürlig!
Platz für sibe Ma und es Tünkli!
Stille Mure, s'goht en alti Frau do dure!
Stille Mudere, d'Geiß ist chrank!
D'Häpf ghört de Gottlose: Vetter nimm si du!
Nu zue, b'Fötzeli gänd au warm!
Stand dem Tüfel a d'Nase=n a!
s'Ist Ein Tüfel. Ein Dummer! s'Wird Ein Hund si.
Das wird der Chatz kei Buggel mache. s'Frißt kei
Heu. s'Liit a keim wachsige Schade. Das ist gliich,
b'Frau ist riich. Das ist mer se lang as breit. Das
leit mi nid ungschloofe. Das fickt mi nit. Das mag
schi nit erlidu ufzbirrun (aufzuheben, Wallis). Wäge
dem binge=n i keis schwarzes Schnüerli um e Huet.
Darum spiwe=n i nit uus. Darum möcht i nit hin=
berschi lozu. I gäb kei Räbeschnitzli drum, kei full
Bire, kei leeri Nuß, kei Briise. Kei mi nit drum.
I wett der nit bruuf gige, nid guugge bruuf, nid
brum geine, nid b'Chappe lupfe, nid chäse bruuf.
I wett für das nit der Pumperniggel finge. I pfiiff
der dril! I pfiiff ech i b'Chuchl! I wett wege dem
nid umeluege. I ließ kein Schnell defür. I wett nid
Für schlo drum. D'Großmueter ist wäge däm gäng
no die älteri. Es henkt si kei Buur drum. Gschäch
nüt Bösers! Mira woll! Mira, wa zletscht. s'Ist
mer ei Thue, hoorgliich, Chäs. Darum griiff i nit a
ds H. s'Ist a Gfohr.

Heb kei Chummer für alt Schue, für alt Hose! s'git all Tag.
Du muest kein Chumber ha as de Schnee brännt.
Laß bu nu be Vogt la gaufere! Für's Anber laß bu be Vogt
geifere: er geiferet für die ganz Gmeinb.
Laß bu nu b'Wält rauche, si het e langi Pfiiffe!
Tüfel nimm die Geiß, s'ist nume=n es Mutzi!
Tüfel biiß ab!
Der Tüfel chönnt e Schelm sti!
Der Tüfel chönnt de Låtz neh!
Mira säg du em Chälbli Chue!
Stell di Bock, so cha me di mälche!
Hott ume! Aber hott Frack!
Wirb nib gschnupit!
Hinberfür ist au giahre!
Chehr jetz einist der Sack um! Gugg is eige Häseli!
Du hettist zerst sellun über bini Achslen lotzen.
Gang mer us em Gäu!
Gang mer ab der Guge!
I wott e kes Helgli!
De bist egoppel überhöschelet!
Mach mer keini Stempeneie, keini Spargimenter, keini
Spentisözie! Mach mi nid taub!
Chumm mer nid i b'Lütri, du hesch kei Chüechli gässe!
Jo jo be muest ha — aber nöb bis der Ahau chalberet onb
b'Saue uusflügib. Muest gha ha am Nümmerlistag.
Bisig cha no mängi Muus in en anders Loch chrüche.
Me cha bis bänn sterbe und wider umecho.
Ja gschwind chumm se!
Jo chumm ämel be!
Jo friill häm mer au Räbe, aber b'Großmueter trinkt
be Wii. Jo friili häm mer au Räbe, aber e Roßbäre
voll Güeter und e Leiterwage voll Schulbe. I ha drei
Jute an eim Stickel, aber b'Großmueter trinkt be Wii.
Lüt nu no e chlii, s'chunnt grab öpper obe=n abe.

Wol, i wett au das i müeßt! Z'leib nib! Nüb um e
Chalberchue!
Nib um füfzg Zwätschge! So weni as derTüfel e Helge=
träger git. Ne nabisch Bott nit! Nei nis bott! Mit
keim Lieb!
Thue mer z'Buech zue!
Es ist mer nüb a.
Es ist e keu Speuz werth, e kei Stübe Mähl.
En Dräck, en Chatzespäck, en Chabis, en alte Chäs, en alte
Hund, en alte (rothe) Tüfel ja woll! Dem Tüfel is
F. jo woll!
Chast heischriibe! Chasch es dem Vater säge und der Mue=
ter singe!
Chauft mer chüberle, höbele, ge böhnele cho, gstole werde.
Chast nu Täller säge, so git's no e Wurst derzue. Du chast
nu säge Täller, dänn brootet mer der b'Wurst. Me
wird der e Hüenli bur's Choth jage, du muest em
s'Töpli schläke. Me wird der chüechle. Me würd der
denn grab uf em Stüeli sitze.
De Vorschlag cha me im ene Hund an Schwanz hänke.
I will nit bi Schuelumpe si.
Merkst be Pösche?
Das ist die recht Höchi!
Guet Nacht Schnäpf, mer wänd is Tirol!
Gang besser übere wo's Babisch ist!
Furt mit der Trucke!
Es goht bi kein Dreck, kein Tüfel, kein Chatzechellen a.
Wenn's der nit gfallt, so steck en Stäcke derzue.
Du verstohst en Hund dervo.
Chumm mer z'Tanz! Chumm mer a b'Chilbi! Chumm mer
won i meine — hinnen ume — won i hübsch bi!
Leck mi wan i hibs bin, den bruuchst niena anzfahn.
Bloos mer i b'Schue — won i hübsch bi. Bloos mer
Aesche! Bloosed is b'Lüt b'Aesche!

Spöter wirb's schöner!
Mach b'Chue nib, s'Fueter ist gar thür!
Bis kei Chue am Hochsig!
Hör ober häb Hochsig!
Wurst wider Wurst und en Halbbatze=n is Chrättli — und
en Batze i b'Schüssle — und en Schillig i b'Platte —
und dem Chind en Batze!
Bis mer nid bs'Herrgets!
Du Trost! Du Nachtig! Du Nachtlig!
Das sind Thorejoggelsache!
Wenn b'en Nar mitt, so chauf der en bleierne, be chast e
dänn drucke wie t' e ha witt.
Lauf so mit me Brod ist — so mit me chocht und bacht —
so mit be Himel bloo ist. Lauf in aller Söue Name
(Spring alle Söue noh), so frißt bi kein Jud. Lauf
nume zue, der Schinger het et Hut nöthig. Glücklichi
Reis und Wasser i b'Schue.
J ha bir en Dräck z'besäle und bu mir e Brotwurst.
Helf der Gott in Himel ufe — so chunnst mer zur Stube=n us.
Gäll bu worist mi glii uf der obe ha!
Häst e schöni Chilbi agstellt!
J will der banke mit eme spitzige Hölzli!
Du bist en Etcetera.
Säg mer alli Schand, bu Laster!
Du sottisch bi i bis blüetig (brüetig) Härz ina schäma.
Mach as b'zum Loch uus chunnst!
Lo mi i Noth.
Gang mer ewegg, i ha mis Bsunderig gern apartig.
            (Nächtliche Aufforderung zum Raufen:)
Hut!
Hoor uus! Här cho!
            (Beim Schlittenfahren:)
Atwäris (etwäris. Aargau. Zürich u. a.)
Ab! Ap hee! (Ostschweiz.)
Bueß! (Aargau.)
Huet! (Zürich.)

Drohung.

Gib Acht, suft chunnst frönd Händ i b'Hoor über!
Gib Acht uf b'Schanz! Wen i der guet zum Rath bi, so hör! Gwahr bi und unterstand bi das!
Heb bi a warme Spiise! (= nimm dich in Acht.)
Heb Sorg, daß b' b'Auge nib abbrichst! Heb Sorg zur Trucke!
Wart i will ber b'Noth ithue! J will ber b'Nöth uuschlopfe.
Wart i will bi päckle!
J will ber gugge! J will ber s'Heu bünner schüttle! J will ber s'Messerli wiber gee! J will ber b'Zunge lupfe!
Dene Müse ist scho no zrichte.
Der Haue wird wol en Stil zfinde sii.
Dem will i der Pflanz mache, b'Lüs abe thue. J säg em's i b'Fräßen ie.
J will mit em z'Bobe rebe. J wil em be Kavelautis mache.
J will ems itriibe. J will em zünde, heizünde. J will em für's Wätter lüte. J will em der Zäcke läse. J will em der Binätsch erläse, b'Gräth erläse.
J will ne bschloo, daß er nib mueß für en anderi Schmidte goh.
Hau em de Chopf ab, so het z'F. Firobed.
J will bir zeige, wo der Zimberma s'Loch gmacht het.
J will ber zeige wo b'Chatz im Heu liit.
J will bi lehre b'Chappe chehre.
J will bi no lehre Haber bicke.
J will bi zum Brunne füere as b'vo sälber lehrst suufe.
J schloo bi as der vierzäh Tag s'Lige weh thuet.
Er mueß es verchnorze und wenn er Scheidwegge näh müeßt.
Es mueß bo bure und wenn's alli Mumpoel er. Ma choftet.
Es mueß iez bure druckt si und wenn's alle Hünde=n in Schwänze weh thät.
Er mueß mer ungspitzt in Bobe=n ine.

Sei's Gerste, worum het ſi Hoor!
Mueß bi bim Böſche neh? Mueß ber eis uf b'Ohre zweie?
Mueß ber eis über s'Gſicht abe flattiere?
Wottſch e Tuſol?
Wottſt eis uf be Dolbe, uf s'Dach, uf b'Chürbs, uf b'Räb,
    uf b'Nuß, uf b'Niß, uf be Räggel, uf be Rüſchel?
Nimm das uf bin Salveni Buggel! Da häſt e Flangge!
Der Widerſetz (Vergeltung) wird au cho! Es iſt no nid
    aller Chelle Abeb.
Du chunnſt i Rollhaſe, is Runggelis Haſe, zu's Hänis
    Gizzi, ſibe Schue unger b'Platte.
Hett i ſi bi ben Ohre, ſie müeßte mer Herr Jeſis pfiiſe.
J will em ber Gring i Bahre ueche bringe.
Er müeßt verſchränzt ſi wien en Birewegge.
Mach i git ber eis! Mach nid i lo b'Chatz us em Ermel.
J nimm bi vor be Fribesrichter!
Jez han i be gnue!

Verwünſchung.

Hol's ber Bumſi!
Hol's ber Beiheirech!
Hol dich ber Räbhänſel!
Schieß dich ber Schnägg!
Das ſoll doch bem Guggich en Ohr abſchloo!
Das iſch es Lumpezüg!
Es möcht eine ſtigeliſinnig und gatterläufig werbe!
Me möcht jo uf ber Sou furt. J möcht uf ber Sou zum
    Land us rite.
Es iſt erger as b'Mueter azänne.
J weuſch ber en böſe Nochber und e Floh is Ohr.
Ihr verfluechte Malabers Galater am ſächste!
Ihr Feekels Chätzere! Ihr Dotterſchieße! Ihr chälis ſuule
    Hünd!

Du Chätzis Bueb! Du tusigs Chäppeler! Du Läcker!
Du wüeste Gast! Du wüesti Loos!
Du ebige Fälbsiech! Du bisere und bänere!
De Donnstigs Schnürsli!
De verflucht millionstusigs Donner!
De Sibehögershoger! De Hellhund, be Dreihung, be Erbe=
  cheib, be Charesalbchüng, be Stopsli, be Sürsli, be
  Anketanzer, die full Wättere, de Strupf, die Metzger=
  moore, die Läbi, die bolbers Häx, die Blättere, das
  Trüech, das Fürblattehuen!
I wott er wär as Tüfels Chilbi!
Es gscheht em uf b'Nase recht.
I wett, daß be Stößvogel be gnoh hett!
Wenn b' nume roth würdist! Wenn b' numen an ver=
  sunkist — z'Dräck verfahre thätist — z'Tod gheitist —
  b'Bei abgheitist und be Grind verschliechist! Wenn di
  nume s'heilig Dunnerwetter verchlöpfti!

Nachsprechscherze.

La mi la gah i la bi o gah. (Bern.)
Näi näi au ämig au äisig ä so äläi. (Katzenmusik.)
Hät der öppen öpper öppen öppis tho?
Basler Beppi hesch Bibi am Bobo?
Ein Bage bige boge buge Packpapier.
Ein Bige Boge Postpapier, zwee Bigo Boge Postpapier u. s. w.
Beck back Brod Bueb bring's bald.
Uf dem bibabunte Berg wachseb bibabunti Lüt, und die
  bibabunte Lüt hend bibabunti Chind, und die b. Chind
  esseb b. Pappe und der b. Pappe chunnt vo dem b.
  Mehl, und das b. Mehl chunnt vo dem b. Chorn, und
  das b. Chorn chunnt vo dem b. Berg.

Drei Tüfel händ b'Aal a b'Dili tho.
Daß di doch der tuufigi Tüfel bur das bräckigi Dörfli O.
bure tribe thät.
s'Het mer trommt es hei mer trommt, trommt onb öber=
trommt; ist bas nöb trommt, wenn's em trommt, s'hei
em trommt onb öbertrommt? (Appenzell.)
Es flüge feuf Vögeli vor feuf Feistre verbii.
Herbströseli wenn herbstelet me bi? Im Herbst herbstelet
me mi.
Hinder s'Heiri Hallers Hüsli hange hundert Herehömli.
Heiri gang säg dem Heiri, be Heiri soll bem Heiri säge, be
Heiri soll hei cho.
Hinder s'Heere Hag und hinder s'Heirihansjoggelis Hinder=
huus hangeb hundert Hüener=, Hase= und Härböpfel=
hüt.
Hinder s'Hare Here Hire Hanse Hus han i hundert Hase
höre hueste.
Es hobsgeret mer, hobsgeret's der au? Sela wie lang
hobsgeret me no?
Es chäbislet mi, chäbislet's bi o?
Der Chabis het gchäbislet und chäbislet no; wenn der Chabis
chäbislet, so chäbislet er si; chäbislet er aber nit, so
chäbislet er si nit.
Wer cha ne Chalbschopf choche? s'Kaiser Karlis Chöchene
cha ne Chalbschopf choche.
Kei chlii Chind cha kei Chabischopf choche, choche cha kei
Chue, chüechle cha kei Spatz.
Das chost kei chalt Chrut.
E so ne Läbtig wie de Läbtig e Läbtig gsi ist, han i no kei
Läbtig vo=n alle Läbtige wo=n i erläbt ha, erläbt.
Metzger metz mer s'Metzgermässer das i cha mi Sou erstäche
— das ich cha mis Chälbli stäche.
Meist mächst Most?

Z'Basel uf der Rhiibrugg sind drü Liri leeri Röhrli, und die drü Liri leeri Röhrli lehre b'Lüt rächt rede und nid lurgge.

Z'Muttez uf em Kilchspitz — Z'Chilchberg uf em Chilespitz — Z'Kostez uf der Rhiibrugg, da stönd drü neui Rölleleer und die drü u. s. w. Z'Wiinige z'Wenige z'Würelos bet stönd drü neui leeri Röhrli und die drü u. s. w.

Z'Rhiifelde uf der Rhiibrugg liit e raui laui räßi Rebläbere.

Schau schau Schaug, b'Sunn schiint scho.

Wäm mer wäre wo mer wötte, wo wäre mer wol? Wer wäre wol witers weder wo mer wol wüßt.

Wenn das Wörtli wenn nid wer, wer mi Vater au en Her.

Wenn Wasser Wii wär, wer wett welle Wirth werde?

Wenn Wasser Wii wär, wo wette Wüber Windle wider wiiß wäsche?

Chäu b'Sach zerst säb b'redst.

Mäie b'Abt au?

Drü Häseli und es Schit derzwüsche.

Tummle di Halbbatze, z'Friburg under der Brugg musteret me di.

Anneli stand weibli uuf und zünd b'Chue a, b'Laterne wott chalbere.

Am obere Thar sind Oepfel zverchaufe, die suure für süeß und die sibe für acht.

Guete=n Obig, morn z'Obig werdeb si de Hans Fadema i der Haspelgaß vergrabe, sägeb's au den Undere, die Obere wüsseb's scho.

Mornemorge a der Maienostere, wenn b'Aegerste gitzle oder z'Obigmorge zwüsche Pfeiste=n und Brämgarte um brei Viertel über's Hömli abe werdeb si be Hans Schnüberstich im Chnopflochhüsli vergelbstage; wenn's no nid all Lüt wüsseb, so sägeb ne's au nib.

Z'Mülige z'Melige z'Würeloß dört stönd drü Uri leeri Roß,
wer die drü lire leere Roß recht rede cha, stooßt a der
rechte Red nid a.

Setz bi, Ankeböckli, morn musteret me bi! (Zum fallenden
Kind.)

Sprichwörtliche Namen-, Reim- und Wortspiele.

Namenspiele.

Bartli bis arti.
Christöffeli Pantöffeli.
Anderees Chrottechrös.
Lorenz het d'Hose verschrenzt.
Franz het i be Hose=n en Schranz.
Er soll heiße Franz under der Nase ganz.
Micheli Mächeli mach is Chächeli.
Thomma kehr d'Stoub omma.
Ruebi verthue bi so wit und breit, bis di be Tüfel i b'Höll
abe treit.
Fribli hänk b'Hose=n a b'Wibli.
David Meier Chrottebäuer.
Hans Ueli wo hest bini Schueli?
Joggelibock im Pfannestiel cha lache und zänne wie=n er will.
Hans Roth du bist mer schulbig drü Broot, be machst es
chrumbs Muul, ich na e oll chrümbers.
Hans Simen Ott ritet uf der Chrott.
Du bist be Hans Egli, wenn'd kes Brob hest so iß Weggli.
Anni Pfanni Chesselbode hät bem Tüfel b'Bei uszoge.
Züseli Büseli Haberstrau git e gueti Bättelfrau.
Lustig ist mi Else, wenn i säg i well se.
Potz Wätter Frau Kätter!

Reimspiele. Gewohnheitsphrasen.

Jo jo säll glaub ig — die Müller sind staubig.
Jo liebi Frau Bas — wenn's rägnet wird me naß; wenn's schneit, wird me wiiß; wenn's gfrürt, so git's Is.
Ase — fangt me b'Hase bi der Nase we me's überchunnt.
Asen isch — wenn Späck und Fläsch im Hafen isch.
So isch es so goht's — wenn's bricht so loot's.
So goht's i der Welt — der Eint het de Seckel, der Ander s'Gelt.
Es mueß so sii — Schätzeli gib de Wille drii.
O heie — wer's Maie, so werid b'Chriesi riif und b'Heubire teig.
Ach Gott — wer i Landvogt, wie wett i b'Bure strooje; wie wett i b'Lüt zwinge, daß s'mer müeßtib Geld is Huus bringe; wie wett i b'Lüt bocke ond ene s'Geld onder be Negle vöra brocke.
Daß Gott erbarm — sibe Suppe und keini warm.
Jammerthal — ist größer as das Turbethal.
Glück und Heil — und über s'Jahr e Wiegeseil.
Herz — wer nit gschnupe mag, be berz (beim Kartenspiel).
Trumpfuus — b'Chatz springt über de Hund uus.
Es ist en Ornig — wie b'Chatze=n im Hornig.
Mittwuche — steck b'Nase i d'Tischdrucke. Fritig — steck b'Nasen i b'Zitig. Finis — am Fritig ißt me kei Schwinis.
s'Schloot achti — is Bett mach bi.
Eis — es ist alles eis weder b'Lüt nid (beim Stundenschlag).
I Gotts Name — isch nid gschwoore.
Das walt Gott — und kei alt Wiib.
Das ist e Freud — is Hanse Hose.
Das ist klar — wie Wurstsuppe — wie Gülle.
Hellblau — ist bairisch.

Mi biiſſunt b'Flöh, es git balb wiber es Jubilee.
Das tuuſigs Wärk — iſt halbe Chnuber.
Uſrecht — iſt Gott lieb.

Wortſpiele. Verblümte Redensarten.

Wer großi Füeß het, verſtaht vil.
Bim Schlaage profitiert Niemert meh as be Metzger.
D'Bürger vo Dübeborf find mit verbreitet. (Zürich.)
De Willemacher thuet Alles.
Wer nib läſe cha mueß Butte träge.
Der Zimberma macht die beſte Anſchleeg.
Mues iſt nib Suppe, Mues iſt ober Suppe, Mues iſt kei Choſt.
D'Blaumüler ¹) ſind die beſte Reiskamerade.
Wenn b'Aaren achunnt, ſo brennt ſi.
Mach Miſt wil b'Landpfleger biſt.
Dur b'Stäge ue gheie choſt fünf Batze b'Ell.
Er hät b'Stäge gmäſſe, s'iſt vo ber Ell en Groſche.
Wer weiß wo Gottswill ume hübelet. ²)
Es liit am Tag wie de Bur a ber Sunn.
Es iſt ſo ebe wie en alte Bärnbatze.
Fürio be Bach brünnt!
Der Eſel goht vor. ³)
Es wird nib mit vo ber Chüeweib uſe ſii. ⁴)
s'Sind Stöck im Ofe — Es ſind Chachle im Ofe — Es iſt e Chachle i ber Stoba — D'Stuben iſt nib gwüſcht — D'Chatz het e Roggele — Es mottet. ⁵)

---

¹) Silbermünze.
²) = was noch geſchehen kann.
³) Wer in der Rede ſich Andern voranſtellt.
⁴) Wenn Verlorenes geſucht wird.
⁵) Warnungen vor unberufenem Zuhörer.

Hür git's Zwätschge weiß kein Mensch wie vil.
Das stoht i be Buureregle. ¹)
Gät dem Vögeli au es Würmli. ²)
Si lüte dem Wuchehans au wider is Grab. ³)
Der Tannewiiß hät si ghänkt. ⁴)
D'Hase choche. ⁵)
Es isch e chalte Ma über Fäld gange. ⁶)
Es isch e chalte Ma vor der Thür.
Der chalt Ma hänkt ech der Hueften a.
Me mueß dem Chind der Dokterbürcher reiche, der Wölbi=
vogt reiche. Wart i gib der birchigs Brob z'choorun.
(Wallis.)
D'Frau Bäsi hinder em Spiegel bhaltet bösi Chind im Zügel.
Wart i rüefe der Bäsi Gotte!
Wart i will der b'Ohre lo stoh und s'Läbe schänke!
Mueß der b'Ohre lo stoh und s'Läbe schänke und b'Hut
über s'F. abe hänke?
Wart be chunnst is Tobtelöchli!
Hesch es Müsli gfange? (Zum fallenden Kinbe.)
Wenn ber b'Zit z'lang wirb, so nimm si bopplet.
Wenn bu's säge witt, so will ich's bohre.
Du bänk au: i ha bim Baben e Menschehand usezoge!
„De isch au en ebige Schölm gsii wo si ietho hät."
Lueg be schluckst öppis ine! (Zum essenden Kinbe.)
De hesch Holz am Waage! (Zum Fuhrmann.)
Du wirst wol s'Maaweh ha? (Zum Mädchen mit Zahn=
schmerz.)
Anderi Chind sind Schleppseck, wottst au eine sii?

---
¹) = ist altbekannt.
²) Wenn Einer pfeift.
³) Dem Samstag.
⁴) Der Wald ist mit Schnee überhangen.
⁵) Der Wald dampft.
⁶) Der Winter ist gekommen.

Huus as vermaasch z'warte! (Dem Geldforderuden.)
Säg Erliholz und nüb buechis. ¹)
Du hesch Brod und i ha Käs (kes).
D'Tuub ist kein Mensch, b'Tuub ist en Chernebieb. ²)
D'Dilimueter ist en Chernebieb. ³)
D'Dilimueter ist e Här. ⁴)
Eh de het kei Hemb a! ⁵)
Du hesch mi z'Hochsig glaabe. ⁶)
s'Isch doch au alethalben öppis, nu in eusem Chuchigän=
  terli nib.
Mer hän no vier Site im Chämi. ⁷)
s'Ehri ist mir lieber as s'Chupfer.
Si hend's gmein wie die erste Christe. ⁸)
Si müend mit enand an e Hochsig — Si hend e Seel us
  em Fägfür errettet. ⁹)
De ist so guet iilabe wie langs Strau.
Er het Eine uf b'Gable gnoh. ¹⁰)
De het s'Fueder no bonda. ¹¹)
Er lütet dem Esel z'Grab. ¹²)
Es goht um wie s'Geißhüete.
Es vergoht wie en Filzhuet im Muul.

---

¹) Der Angeredete soll nur sagen: Erliholz.
²) Der Angeredete soll verstehen: Du bist.
³) Der Angeredete soll verstehen: Dini Mueter. Dilimueter heißt die
   Maus.
⁴) Dilimueter ist auch der Name der Spinne.
⁵) Man meint den deutenden Finger.
⁶) Wenn das Kleid sich in des Angeredeten Stuhl verfängt.
⁷) Der Hörer versteht: vier Speckseiten; der Sprechende meint: vier
   Wände.
⁸) Gmein hier = armselig.
⁹) Wenn Zwei gleichzeitig Dasselbe sagen.
¹⁰) = Hat die Schwurfinger erhoben.
¹¹) = Hat die Zahl vollgemacht.
¹²) = Baumelt mit den Füßen.

Das bruucht nid so gnau zsii, me schießt jo keini Vögel
bermit.

Drümol gsalze und doch no z'räß!

Drümol abgsaaget und doch no z'churz.

Gim mer au e chlii, i säg der dänn Götti.

De Wirth het sin Wii halt vo Wassersdorf. [1])

I wett chüechle wen i Anke hätt, aber i ha kes Mähl.

I wett metzge wen i es Mässer hätt, aber i ha ke Sou u. s. w.

Sprichwörtergloſſen und Parodieen.

Frisch gwagt ist halb gwunne — b'Stäge-n ab gheit ist au
etrunne.

Recht thue ist Gott lieb — seit be Chernebieb: hett i nu e
Mugge gnoo, so wer i besser furtchoo.

D'Liebi ist blind — es chüßt e Mueter ihres rotzig Chind.

D'Liebi ist blind — fallt ebe so liecht uf e Chüebr. as
uf e liebs Chind.

Strenge Gwalt wird nid alt — het mer bi sinem Eid en
alte Schwizer gseit.

Je meh si schreit, je eh si freit — het me siner Lädtig gseit.

Was recht ist, ist Gott lieb — wer er Geiß stilt ist kei
Bockdieb.

In Gottes Namen — spricht der Blinde zum Lahmen.

Vil Chöch verſalze de Brei — kein Dokter ist besser as drei.

En blinde Ma en arme Ma — doch ist de no schlimmer
bra, wo si Frau nid meistre cha.

Selb than selb heb — bis der b'Hechſe am F. chlebt. (Wallis.)

Selb tha selb hab — blas dir selb du Schabu ab.

Es het Alles si Zit — nume die alte Wiber nit.

---

[1]) Wortspiel mit Baſſersdorf, Zürich.

Es het Alles fi Zit — wenn Eine bi fim Stöckli (gestecktes
Ziel) ist, so mueß er goh wie en andere au.

Es wott Alles fi Zit ha — no sogar e galti Chue (= die
Kuh, die wenig Milch gibt vor dem Kalbern).

Alli guete Ding sind brü — und die böse vier.

D'Zit bringt Rose — aber zerst Chnöpf.

Morgestund het Gold im Mund — und Blei im Chraage.

S'Uchrut verdirbt nit — s'chunnt gäng e Hung u seicht dra.

Chleider macheb Lüt — und e Hoosig Brüt.

Es gaht nüt über gschiid Lüt — weder d'Hüt.

Gott erhaltet Alli — aber sumi numme schlecht.

Heb Gott vor Auge — und s'Brod im Sack und de Choch
vor em Ofeloch.

De Glaube macht sälig — de Tod stärrig.

Neui Bese förbid wol — die alte wößid b'Winkel wol
(ober:) — nu gönd fi nid i b'Winkel.

D'Wänd händ Ohre — und b'Stube=n Auge.

Im Düstere ist guet flüstere — aber nid guet Flöh fange.

Was chlii ist, ist artig — aber nu ke chliises Stückli Brod.

Vil Chöpf vil Sinn — het de Chabisma gseit, wo=n em
s'Fueber usenand gfahre=n ist.

Ehre dem Ehre gebühret — Herr Pfarer butzed s'Liecht.

S'Chunnt niene=n öppis besser's noche — as i der Ziger=
suppe.

Alti Liebi rostet nid — seit de Dillhänsel, wo=n er sis
verpfändet Züg wider gstole het.

Gedult überwindet Suurchrut — und der Späck d'Rüebe.

II.

Redensarten

zur Charakteristik von Land und Leuten.

1. Apologisches.

(Erzählende Sprichwörter.)

s'Zimberma's Gsell seit alig: I möcht nib ungwerchet sii und weu i müest es halbs Johr bruuf warte.

s'Ruebibuebe Schaagg seit alig: I bi no z'jung zu dem, fern wer i rächt gsii.

D'Brunnelisi het gseit: Lueg b'Bire=n a.

De Sigerist het gseit: iez ha=n i bigostlig vergässe z'Mittaag z'lüte, wänn's nu au niemer ghört hät.

De Großvater het gseit, er sei mit sim Frack zweumol us der Mode cho und zweumol wider drii.

D'Bluemehalberi die Alt hät gseit, wo=n ere be Pfarer uf irem Tobbett vo=m e Jesus verzellt: me vernäm doch nüd uf be Berge=n obe.

De Chüeferheiri het gseit, me sell kei Sou zuethue, halt bänn me heb en Söustaal.

Do müest i au berbi sii, hät be Chriesibueb gseit, wo=n er uusbroche=n ist und me=n em gseit hät, er müeß ghänkt werbe.

Me mueß alles probiere, hät besäb gseit, wo me ne zum Galge gfüert hät.

Henke het kei Il, het be Schölm gseit.

I mag nu nümme rebe, hät be Chämifäger gseit, wo=n er s'Chämi abe gheit ist.

I mag nib s'Mul ufthue, hät be Sämichasper gseit, wo=n er is Gülleloch abe gheit ist.

Jez thue=n i kei Schnore meh uuf, hät be Pfarer z'Nidsi=
gäud gseit, wo=n er mit ber Chanzle i b'Chile=n abe
purzlet ist.

I ghöre b'Aegerste rätsche, s'git wider Strit, seit be Murer
Dävet und nimmt sis Fräuli bim Ohre, wo bhautet,
das sei un Aberglaube.

Mer händ boch au no nie Strit gha, seit be Ma zu der
Frau, und prüglet si, wil si meint: si hebib boch au
scho mitenand zangget.

s'Jahr ist längs und dermalen ist Mängs, het der Christen
am Nüjohr gseit, wann er nit het welle vil bruuche.

Es ist kein Mensch gschuld as s'Müllers Hund, hät säb
Büebli gseit.

I ha die Besti, hät ber Zieglerhausheiri grüeft under e
Gschaar Manne, wo en jedere si Frau grüemt hät.

Gäl i ha Rächt gha as i gange bi? hät be Schniider zu
sim Kamerad gseit, wo si ne use gheit händ.

Aber bene häm mer's zeigt, händ die zwee Draguuner gseit,
wo si vor Eim im Galopp gflohe sind.

Was Tüfels wottsch vo mer? het ber Bartli gseit, wo=n er
en Geist gseh het.

I träge gärn mit Gülle, i cha bänn berfür au wider mit
leer laufe, hät be Chilefheiri gseit.

Die Siinige zieud z'Herze, hät be Gubelhanseli gseit, wo=n
em es Chälbli über b'Awand abe gheit ist.

Mach du wen b'chaast, hät de Scheereschliifer gseit, wo me=n
em si Arbet gschulte hät.

Wänd er Wii oder Milch er werbet Milch welle? hät die
säb Frau gseit zu ire Taglöhnere.

Was bin i schulbig es wird aber nüt sii? hät be Lochmüller
gseit.

Guete Tag büßt eue Hund händ er au bbache? seit b'Gattiker
Bree und thuet s'Neujohr aweusche.

O wie ist das Wasser so guet, seit de Lochmüller, hät i nu mis Müleli no!

Nünt rechts thuet nünt rechts, het der Bettelmaa zum Grüschwegge gseit.

Marsch, Luus, i bi Winterquartier! hät be Kapiziner gseit, wo=n er si vom Bart in Zipfel gsetzt hät.

I muess doch aber au bin alle Gschichte Götti si, seit be Grossäggli, wo si Chatz hett solle Milch gstole ha.

I will em verzieh, aber Joggeli dänk bu bra, het be säb Schwoob gseit.

Es loot si nümme umethue, säget's i ber Türggei, wenn's bem Urächte be Chopf abgschlage hänb.

Gnueg isch gnueg, gnueg isch gnueg, het ber Giiger giiget.

Was Eine hät, das hät er, hät be Schniiber gseit, wo=n er statt der Chue e Geiss us em Stal glo hät.

D'Juget muess tobet ha, het ber Bettelmaa gseit, bo ist em s'Chind zum Bündel uus keit.

Das sind Souhüt, seit be Metzger.

Das ist e nassi Burst, seit be Froschemaa, wo=n em b'Frösche über be Rugge abe s...

He s'ist jetz bas, seit ber Ankewäger, u wen b'meh witt, so ligg bruuf.

s'Ist no nib lächerig, s'würb erst no lächerig werbe, het be Richlinger gseit, wo si Huus brennt het.

Fast alli Gwerb sind schmierig, het s'Messmers Frau gseit und b'Cherzestümpli vom Altar gnoh.

Heillge Sant Marti, ba lebig Opfer gib i ber, het die Frau gseit, wo=n ere be Habik be Güggel holt.

Liib bi, Busi, liib bi! hät b'Büri gseit, wo si mit ber Chatz ber Ofe=n uusgwüscht hät.

Wer weiss, wo be Haas lauft, hät besäb gseit, wo=n er s'Garn uf s'Dach gspanne hät.

Häsch mi welle abhaue, bu Chätzer! seit be Falche, wen er bim Mäje hinder ber Sägisse wiber uufstosst.

Bertöub mi nit ober i gibe kei Milch, seit b'Geiß.

s'Ströte thuet nit guet, seit be Schnägg, ist sibe Johr be Baum uuf gschnoogget und doch wiber abe keit. D'Leugger Schnegge si sibu Jahr lang über die Brigga gangun und zletsch no umbri ghiit. (Wallis.)

Ja wenn i will, het be Biremaa gseit.

Do het's Müs, het be Ratzemaa gseit.

Es thuet dem Chrut und allem wohl, hät be Chueri gseit, wo's no=n ere große Tröchni gränget hät und er nüt Apflanzts gha hät weder es Blätzli Chrut.

Oppedie isch am Löther und öppedie am Chräzli, seit be Lötherhanesli.

Lügst nid? het s'Büebli be Schulmeister gfrogt.

Wo Hans ist hei cho us em Wälschlang, ist s' Müeti zur Nachbersfrau gange und het zue re gseit: O wie ist üse Hansi gschichts! Er cha öppe vier Sprache: Dütsch u Wälsch u Französisch u so wie me hie redt.

I cha mine Buebe=n am Morge nu befäle, dänn thüend's be ganz Tag was s'wänd, hät der alt Hallöri ämig gseit.

Es ist sun=sunberb=bar, seit be Gaggelari, ich g=g=gagge nüb, mi F=Fr=Frau g=ga=gaggeb nüb, und doch ga=ga=gaggeb alli mini Chind.

Er hät's wie besäb mit sibe Högere, wo seit, er sei na nie der Ugräbst gsi.

Er hät's wie s'Heirinäse Vögeli: säb ist zmitz in der Ernt versrore.

Er hät's wie be Hanschueret: er ist chrank, er het ke Hose.

Er hät's breziis wie s'Wilhelme Söuli: es ist chintli worde, wo's em Kasisatz ggee hend.

Er hät's wie besäb Schniider: er möcht Stockfisch und Chuttle.

Er hät's wie s'Pfiiferuebelis be Chlii: er hett chönne grathe wie sehle.

Er hät's wie besäb Schniider wo b'Hose verschnitte hät: es ist kei Fehler, nu neus Tuech her!

Er hät's wie besäb: er cha nüt, wc me=n em zueluegt.

Er hät's wie s'Burebüebli: er hät be lätz Finger ane gstreckt wo men e verbunde hät.

Si het's wie bie Bättlere, wo gseit het, si möcht kei Büri sii vo wäge si möcht b'Chüechleni nib erliibe, u wo me bu grab bruuf im ene Chäller erwütscht het, wo si e ganzi Biigete het welle stäle.

Si ist umüeßiger as s'Käterlis Chüngeli, wo nün Johr an ere Babstube gsii ist und nie der Zit gha hät si z'wäsche.

Si hät's wie s'Schownet Gretli: si meint halt au si müeß en Ma ha.

Si hät's wie s'Tobelbabeli: s'gnoth Aluege thuet ere weh.

Er besseret si wie s'Cholers Most, aber er ist zu Essig worbe.

Es goht em wie bem säbe Roothsherr: der eint Theil gsotte, ber ander broote.

Er bindt ne an e Brootwurst wie besäb be Hund.

Er thuet wie s'bschisse Waageraab wo zum Bsoffne seit, er heb's bschisse.

Er hät's wie be Rotacher: er begährt uuf wie en Nacht= wächter — wenn en Niemer ghört.

Es goht em wie bem Schwoob wo=n em b'Frau am Char= friitig gstorbe=n ist: s'git wiber en anderi, aber nit vor Ostere.

Er frißt's vo Hand wie be Baier b'Bire.

Er hät so Zit wie be Schnägg ab ber Brugg, wo sibe Johr über b'Brugg gschliche=n ist und boch no ver= charet worbe.

Er ist chrank wie besäb Bur, wo zum Dokter gange=n ist goge säge, er heb s'Halsweh, er chönn nüt meh schlucke weber halb und ganz Opfel.

Er schwitzt wie be Hueber i ber Fuchsrüti.

Er hät's wie s'Gofheigels Wähe: er cha fi nid verrobe.
Er hät de Buuch voll Chüechli wie de Heidelberger.
Er hät Freud am Inegäh wie s'Speichelheiris Roß.
Er macht's wie be Schwoob fim Chüeli wo=n er's am
    Morge ugfueteret uusgloh hät: i gib der nuiz, be.hoft
    mer au nuiz gie.
Er hät alli Uebel wie s'Nüßlis Hüener.
Es ift bo en Ornig wie is Dubfe=n Unbergabe wo b'Hünb
    und b'Chaze=n enand guet Nacht gweufcht hänb — wie
    z'Birewange am Hochfig, wo b'Geft henb müeffe b'Löffel
    underem Tifch zfäme läfe — wie z'Watt am Wurft=
    mool — wie is Hansheirls Gmeind, wo de Bach über
    be Hag ie lampet.
I git der e Weggli wie fäb Meitli bem Hund.
Er hät's wie be Dorliker Souhirt: wenn ihr mi nümme
    wend, fo will i au nümme.
Er ift i Gedanke wie be Stier vo Schlatt.
Er ift i Gedanke vertieft wie be Stier vo Zofige.
Er het en Chopf wie en Zofiger Ochs.
Er treit fi wie en Boppart — wie en Egger — wie en
    Häbiger.
Me bruucht ber alt Maa wie ber Appizeller b'Schue.
Er lebt nach em alte fäligmachebe Kalänber wie b'Appe=
    zeller.
Er hät's wie s'Begginger Büebli, wo me's froget: „Hät's
    Truube=n i be Räbe? „Ja grab ba ift eine und bert
    ift wieder eine."
Er thuet wie wenn er be Chlingeberg wett aberiiße.
Er chunnt hinde nah wie de Hundwiiler.
Mer hends wie b'Toggeburger: s'ift et Thue.
Er hät's wie bs Mällge Chalb, wo über e Chlünthaler See
    ift gu Waffer funfe. Er ift fo gfchib wie s'Hoze Chalb
    — wie s'Chälbli z'Muur, wo über be See ift go Waf=
    fer fuufe.

Er chunnt z'churz wie be Sterneberger Pfarer wo-n em en
Chratte hinder be Chaste abegheit ist.
Er stoht bo wie en alte Schwizer.
Er hät Stotze wie en alte Schwizer.
Er ist verruefe — verschaagget wie en Churerbatze.
Er schämt si wie en Churerbatze.
Du bist wie b'Nähere vo Enge: was b'am Tag schaffst,
muest z'Nacht vertrenne.
Si machet's wie b'Höriwliber (sagen immer vom Fortgehen
und bleiben sitzen.)
Er nimmt's vo Hand wie be Hallauer be Bappe.
Er ißt alles burenand wie be Hallauer.
Es gaht ber uuf wie bem Chälbli z'Muur: säb hät e Chue
ggee.
Da wer's erger as z'Hegnau, wo's hänb welle be Gugger
iizäune.
S'Goht ene wie be Horgebachere: si richteb uuf eh si ab=
bunde hänb.
Er het be Schluck im Hals wie be Hallauer Stier.
Si stönd a be Feistere wie b'Armehüsler z'Müllegg.
Er hät's wie b'Burger (auf Regensburg): bie säbe sind froh
wenn's bunne sind und sind froh wenn's bobe sind.
I rebe vu anber Leit und anber Leit vu mir, seit be
Schwoob.
b'Hutte ist euse Heimetschliin, säge b'Bergler.
Das hätt sölle bi üs sii, hät be Marthaler gseit, wo's im
Wilbispuech brennt hät und s'wenig Wasser gha hänb.
Appezeller Chüje und Appezeller Lüt tougeb nib zu üs, sägeb
Thurgauer und b'Schaffhuuser.
Es ist halt eben au vom Für acho, wie be Hasler Pfarer
gseit het.
Spring nu, i häs Recept, hät der Oberländer gseit, wo ber
Hund mit bem Fleisch furtgrennt ist.

Was mich nit ageit, däm gibe=n i nib Ohre, het der Grindelwalder gseit, wo's ne girägt hei, was der Pfarer prebiget heigi.

Der Gschlber git noh, Muni gib bu noh, seit der Entlibuecher.

's'Verflüechtist ist bure, seit be Schüeli vo Flaach, wo=n er e Wehereif gässe hät.

b'Bili git be Gwünn, het der Zugerbot gseit wa=n er z'Zug Weggli zum e Zürischillig gchauft und z'Luzern zum e Luzernerschillig verchauft, aber ufs Dotzeb s'brizäht umesust übercho het. Dem mag's au b'Bili bringe wie der Glarnerfrau.

Ring berzue, ring bervo, seit be Chisteträger über b'Hulfegg, wen er z'Obig sis Trägerlöhnli burebutzt.

's'Sind Dütschi bo und däne, be Rhi nu scheidt is, seit be Hauesteiner und bütet is Aargau.

De lönd mer stah, seit be Nassewiiler Schuelmeister, wenn er zum e Fröndwort chunnt. Ueberhupf be Hund, seit be Buechstabieri. Do het's en Ast — hock bei, seit be Buechstableri.

's'Git vil Land und Lüt, hät be Stammemer Joggeli gseit, wo=n er e Geiß gseh hät am Hag fräffe.

Mer thons nid, seit be Hallauer.

Ei ei, seit be Steckbohrer.

Gib em recht, gib em recht, i bi bem Kerli scho lang ghaß gsii, wie heißt er? sägeb b'Schaffhuuser.

Laß en gah, er ist vo Schiers.

Rüer mi nid a, i bi=n e Herisauer!

Macheb Platz, mer sind vo Benke!

Woher sind ihr? „Bo Hitzchilch bigott!"

„Bo Zeihe? O heie, bie Holzbire hend gfehlt."

Die säb Frau het gseit: wenn's z'Rike wiber brünni, werb ihres Chindli e Johr alt.

Der Peterli het gseit: er ghöre ge Norbis i b'Chile, ge Büli in Bezirk und ge Züri is Zuchthuus.

s'Neukircher Meitli het gseit: Wenn ich das Wasser bim obere Brunne cha hole, so gohn i nid zum undere.

De Hallauer seit: we me guet Truube het, so het me guete Wii.

De Merishuser het gseit: wenn's bergab gieng wie berguuf, so wett er de best Esel vorsetze.

Der Entlibuecher het gseit, wo me ne gfrogt het, wie vil Vieh und wie vil Chind as er heb: Sibe Chüe Gott bhüet si und sibe Chind deren Uflöth.

2. Volksleumund.

a. Internationale Titulaturen.

Schwizerrath chunnt no der That.

Venedig stoht im Wasser und Zeihe (und Sempach) im Chooth.

Was z'Bade gscheht, muess me z'Bade lige lo.

Thalemer Geiss, mach mer b'Suppe nit z'heiss.

Es ist halb und halb wie Würelos — Halb und halb wie me be Hund scheert.

Dä hät me gwüss z'Pengnau bin Hebräere gholt. (Zürich.)

Er luegt se fründli drii as wien e Hermetschwyler Chlosterfrau.

Im Fährli isch's gfährli.[1]

De chunnt iez dänn i b'Neerer Zouft.[2]

---

[1] Kloster Fahr, Zürich.
[2] Neerach, Zürich.

De Steinere seit me's unverhole, be Presidänt heb en Obligo gstole. ¹)
Dä isch gwüß au vo Bachs.
Es ist e Stammer Schöfli.
Es chringlet wie die grooß Glogg z'Hegnau.
We men e Rath will, mueß me nach Züri.
D'Zürcher liibed eh en Schaden als e Schand.
Dukate und Zürischillig durenand ist e chöstligs Almuese.
Er züribieterlet. ²)
Hemmethal ist au e Stadt.
Wer chunnt dur Oberhallau unkothet, dur Unberhallau unverspottet, dur Begginge unbschisse, de het si be Tag guet dure grisse.
Will Eine stehle und nid hange, de laß sich in Schaffhuuse fange.
Guu, stuu, bliibe luu — wer die drü Ding nit cha, mueß nit ge Schaffhuuse guu.
Wer nid cha säge nii, gli, luu, stuu und guu, be mueß nid ge Schaffhuuse chuu.
Er schaffhuuserlet. ³)
s'Liit underenand wie Sulgen und Bürgle.
Es ist hübsch wie Rooschach.
Wer z'Müle will Pfarer sii, mueß besser chöune tröle als alli Mülemer zsäme. ⁴)
Wenn si z'Wälbi lüte, so bruuche si drei Ma: eine wo b'Glogge zieht, eine wo s'Thürnli hebt, und eine wo's im Dorf ume seit.
Er thurgäuelet. ⁵)

---

¹) Steinmaur, Zürich.
²) = Er prahlt.
³) = Er ist eigensüchtig.
⁴) Müllheim, Thurgau.
⁵) = Er ist trölsüchtig.

Wer in Gonte goht gu schicke, unbern Rai gu Heu chaufe,
  nnb in Kan gu wibe, be treit Dreck im Chorb hei.
D'Appezeller hänb b'Läben offe.
D'Appezeller lönb si füere, aber nib triibe.
Es ist en Appezeller Reb.
Es isch so sicher wie uf em Glärnisch obe — wie im en
  Ofe.
Altedorf und Lache wo kei Ornig ist und keini z'mache.
Bist gar vo Trimis oder nib recht im Stifel?
Du bist en rächte Langwiser.
Nir ist über Eystu.
Es ist kei Zermatter so guet, er het e Tuck unberm Huet.
D'Simpeler hei Buoben wie Chiniga, Maidjini wie Prin=
  zessine, Gelb wie Laub, Fleisch wie Holzbiige, Wit
  wie Bäch.
Der Leugger Frauwen heint sust strenger als der Brigeren
  ober Sittneren Jungfrauwen.
Mi Gott und Alls, we ich im Himel und nib im Wallis!
D'Walliser si hundert Jahr später ufgstanne als die ussere
  Kantone.
Die vier erstu Ding vom Walliser: A guots Glas Wii,
  an Pfiife guete Tabak, a schöni Chircha, und es hübs
  Maidji.
Im Oberland het's gueti Lüt, läbet wol und zürnet nüt.
Im Oberland ist e Kilchhöri, wenn si en Arme hört
  z'Chile thüend, so lüte si mit zwo Glogge; und wenn
  si en Riiche z'Chile thüend, so lüte si mit gar alle —
  weber si hent nume zwo.
Gröber als b'Geschiner.
Wilder als b'Obwaldner.
Nidiger Friiburger.

En trockne Malunst.
Er ist vo N. wo be Brävst e Sou gstole hät.
Es ist en Underschied zwüschet eme Diamant und eme Bläsemer Chäs.
Wenn s'Js en Händsche treit, se gönd b'Rilchenauer über de See.
D'Schwöbin ist stumm.
D'Franzose träge bsch. Hose.

b. **Proben von "Hieb-, Stich- und Verachtungs-Namen."** [1]

Aarauer Bappehauer.
Zofiger Ochse.
Aarburger Frösche.
Lenzburger Schabzigerstöckli.
Brugger Chriesisüppler.
Bremgartner Palmesel.
Freienämtler Bschinbesel.
Oltener und Leigger Schnegge.
Langnauer und Höngger Geißhänker.
Signauer Böcklitaufer.
Marly Hublenträtscher.
Meiler Häni und Rüeblipüffel.
Stäfaer und Rassewiller Chrehe.
Küsnachter Fleischbrüheffer.
Erlebacher Geißebrooter.
Zollikoner Lunggesüber.

---

[1] Terminologie der alten Gerichtssatzungen.

Benbliloner Stuubehauer.
Uetikoner Schoofsbroote.
Egger Geiße.
Hinder=Egger Zigerstöck.
Muurer Rüebli.
Mönchaltorfer Räbe.
Wipkinger Laubchäfer.
Bachſer Igel.
Bülacher Chatze und Gloggeschölme.
Nußbaumer Schuberheuel.
Weyacher Chröpf.
Nöschikoner Füselier.
Riebter Babener=Metzger.
Fischethaler Nare.
Niberhaßler Ziparte.
Nieberglatter Gloggeherre, Anderthalbherre, hölzerni Naſſer.
Rhiinthaler Schneggehaaler.
Törber Stierini.
St. Niklaser Bärutriiber.
Ember und Natischer Sunnubratini.
Albiner und Ember Hennubschläjini.
Briger Schattuschlückini und Schueflicker.
Grächer und Saaser Schintini.
Möreler Lattuschreckini und Lebchuechewiini.
Naterscher Briejini.
Bißper Fleuguschlückini. Bißpermuſik.¹)
Zenegger und Zermatter Schltifini.
Raroner Hopschluschlücker und Hopschlufresser.
Terbiner Juden.
Saaser Wurſtini, Wurſtmachini.
Brämiſſer Chind.²)

---

¹) Froschgequake.
²) Blödſinnige.

D'Täscher sind miit ghoolet. ¹)
Die vo Randa sind d'Armu Seele unner dum Gletscher.
Stückli vo Naters, Birgisch, Brejersberg, Munb, Merlige,
Gersau, Hegnau. ²)

---

¹) = Haben guten Appetit.
²) = Schildbürgerstreiche.

III.

Porträte
in schildernden Redensarten.

1. So sieht er aus.

Er hät en Chopf wie en Zosiger Ochs, wie es Viertel, wie en Blöser. Er hät en Copf zum Muurenitschüße. Er macht en Chopf wie de halb Mütt z'Chloote. Er hät Ohre wie Chabisbletter, wie em Müller sini Zwee (sc. Esel). Sini Ohre händ au s'Mäs. Er ist ballöhrig, boob, en Schübel, Schübelöhri (übelhörig). Er hät e Nase, es gönd im Appezellerland chlineri Chind bättle. Er hät e Köliker. Er hät e Nase wie en Schueleist und es Muul wie es Trottbett. Er hät e Nase wie en Schlitte, wie en Sattel, wie en Holzschlegel. I ma nid rede wie de Ma e Nase het. Er het es Berner Meitschi gässe: b'Zöpf lampe=n em no zur Nase=n uus. Er het s'Chämi nid putzt.
Er hät e schöns Vaterunserloch.
Er hät Krüpfzänb.
Es hät es Müli wie es Erdbeeri.
Er hät roth Bagge wie s'Chätzli unterem Buuch. Er het kei Färbli. Er ist bem Tüfel us der Bleike gloffe (braun). Er glänzt wie en Ofeloch. Er ist so wiß wie e gschabeti Sou. Er ist roth wie en Pfliser. Er ist abschlinig (blaß).
Er hät Auge wie Pfluegsreber, wie Chriesi. Er macht Auge wie der Gotte Chatz, wie e gstochni Geiß. Er macht Ögli wie ne Spiegelmeis. Er macht Auge, daß me chönnt uf s'eint ue chneue und s'ander absaage. D'Auge=n übergönd em wie eme Chrämerhündli.

Er hät b'Auge be lätz Weg im Grind inne. Er ist en
Schillbingg — en Schilimäuggi — en Schiligüggi.
Er luegt vo der Suppe=n i b'Schnitz. Er luegt i die
ander Wuche ine — is schön Wätter bure. Er gseht
i die ander Wält bure. Er luegt rächt is Chrut ie.
Schab, das er in Binätsch übere luegt. Er luegt ber=
zwäris wie e Gans uf e Bitzgi. Er luegt boppelzilig
— übereggs — schärbis. Er hät e grabs Augemäs,
aber e chrumbi Luegi. Er glust no em Jänsitige. Er
cha i sibe Häfe choche und be Chriesine hüete.
Si hät e Gsicht wie en rothe Ziegel.
Er ist e Blonigsicht (Vollmondsgesicht).
Er hät afen es Gsicht wie en Arauch=chopf.
Er macht es Gsicht, s'geeb zweu bruus. Er macht es Gsicht,
wie we me=n em schuldig wer — wie wen er Mur=
heime (auch: Uerbselebeeri) gfräsfe hett — wie wen er
bem Petrus der Essig verschüttet hett. Er macht es
Gsicht wie der Fuchs, wen er im F. flohnet — wie
sibe Tag Rägewätter und brei Wuche nie schön gsii —
wie s'Sibezächner Jahr — wie e verheiti Essiguttere
— wie en überloffes Suurchrutständli — wie be am
Rothhuus — wie b'Chatz im Namebüechli — wie e
Chue uf en Ebbeeri — wie en Pfaff am Charfritig.
Er macht es Litzi (unzufriedenes Gesicht).
Er luegt brii wie wenn er am ebige Gangwerch (perpetuum
mobile) studiere thät — wie wenn er Oel verschüttet
hett. Er luegt use wie=n e Muus us em Chuberbüzi.
Er gseht uus wie e Chue us em finstere Wald. Er gseht
uus, as wett er Tüfel schweere. Er gseht uus wie e
verfrorni Räbe. Er gseht verhüeneret nus. Er gseht
brii wie die thüri Zit. Si gseht brii wie e gibleti
Geiß.
Er het Ellbogeschmalz — Armschmeer.
Er het Fingernegel wie s'Chrömers Mäblee.

Er het en Buuch wie=n e Trumme.
Er het Füeß wie Ofechrute.
Er ist en Hülpitrütsch (hinkt). Er ist en Chrümbllg, en Chrügel (Krüppel).
Er goht uf ber tütsche Erbe (barfuß). Er lauft uf be tütsche Sole.
Er louft mit be Beine wie wenn ber Chopf e Nar wer. Er geit wie das Gschütz — wie a Hund. Er ist en Zibiwäbi (Trippeler).
Er stoht bo wie s'Ruobis Sönstal — wie be Löther z'Sulz‌bach — wie Sant Räf mit dem steinene Hoselade — wie e Brunnesuul — wie es Pfund Anke. Er ist es Blötschi. Er isch gwadet.
Er ist nid so dumm as dick. Er ist en dicke Knuber — en Pantli, en Brosli, en Chnebel, en Mutsch. Si ist en Dotsch, en Trantsch, en Pfampf, e Standare, e Trarare.
Er het is Vieregg gseißet.
Er ist en Dürrbireheini, en Spägi.
Er het Lende wie e Namebüechli. Er ist se dünn wie e Namebüechli.
Er ist en Megerlig, en Spüslig, e Beihüsli. Er ist so mager wie e Wäntele. Er hät Späckfite wie e Wanze. D'Wentile heind nu wie a Crehomo zugreifot (Wallis). Er ist en Heinrich vo Gottes Gnade, het hinne d'Schin‌bei und vorne d'Wade. Er ist so feiß er chönnt e Geiß zwüschet be Hörnere chüsse. De Gaul ist so mager, me chönnt Hüt an em uufhänke. Si ist es Häggeli (schmächtig). Si ist vo Glattjelbe (hat platte Brust).
Er ist lang wie e Latte. Er ist en Gstübel.
Er ist so groß wie en Roßzehe. Er wachst wie en Räbe‌schwanz. Er wachst nidsi wie en Chüeschwanz. Er wachst wie en Chalberschwanz: in Bode=n ine. Er wachst i b'Schöni wie en junge=n Esel. Er het

s'Chälbligwicht no nib. Er ist e chäshöche Burst. Er
chönnt au gnoth über en Chäs iehe luege. Er ist en
Pfucherli, en Buber, en Höck, en Buchter, en Hobizger,
en Granggel, en Grieggel, en Gröppel, en Knüber.
Si ist es Nifeli, es Häpeli.
Er ist bubmiß. Er ist ase schwampellächtig.
Er ist alt und mümpvelmögig. Er ist en alte Zalteri, en
alte Käusi, en Snäppeler, en Gritti. Er isch em alte
Hafe zue. Er ghört zum alte=n Ise. Er ist kei hürigs
Häsli meh. Er ist älter as Mues und Brod. Si ist
en alti Chachle, en alti Runggunggele, Guggumere,
Scheere, e Flöhhattle. Er ist nit a Hiirhaso (Wallis).
Er ist chrutjung.
Er het si mit dem Söuli gwäsche. Er ist en rächte Gülle=
mügger.
Du bist es Gschöpf Gottes wie=n e Söuhärdöpfel.
Du bist en schöne Burst, wenn b'putzt und gchehrt bist und
be Chopf in en Sack ine häst.
Du weerist en schöne Burst, wenn b'Mode weerist.
Du gäbst es schöns Engeli i b'Holzchammer.
Du weerist nib so leid, wem me bi nu nib müeßt aluege.
Wer bi am Tag gieht, lot bi z'Nacht lo goh.
Du machst e schöni Graß. Er macht e Grasse wie be Tüfel.
Er macht e Gattig wie en rächte Schabias.
Si chunnt wie en uufghauni Chue. Er chunnt im Gschiir
wie s'Chrattemachers Unghür.
Er chunnt wie zum en Aelterli uus (Altar; sieht schmuck
aus).
Er ist leid wie b'Nacht.
Es paßt em wie ime Bättler b'Tubakpfiife.
Es stoht em a wie bem Stoffel be Däge — wie ere Sou
s'Halsband — wie ere Sou Manschette. Es stoht ere
a wie ere Suu be Sattel. Si ist es Faggeli (schlecht=
gekleidet), es Stabthäpeli, es Zimpertrili (affectirt),

es Göscheli, es Blächs, e Räbel, en Chaabhaagge. Er ist en Pflunggi (schmutzig gekleidet), en Pflobi (schlampig). S'Git Räge (die Strümpfe fallen ihm herunter).

Er a Chropf und schi a Chropf und ds Chind a Chropf und alli.

Er ist en Juckuuf, en Springgüggel, en schütglige Chrangli, en Zabli, en Jastl, en Stürmi.

2. Der Faulpelz.

Er ist fuul wie Geißmist. Er ist gliichgültig wie e tobti Gaiß — wie en verrissene Chorb.

Er fuulhundet.

Er schafft wie en a'bbundes Roß — wie e tobts Roß. Er arbeitet wie s'a'bbunde Vieh.

Er ist gschwind wie en bleierne Vogel.

Er het's wie s'Ankemaa's Esel: hundert Streich thüend's nümme.

Es ist em verleibet wie Schappelgarn — wie chalts Chrut wie be Bättlere b'Halbbatze.

Das ist ihm wie „Wer gaht da bure?" Es ist em Heiri was Hans.

Er chunnt wie der Appezeller.

Er chunnt hindenach wie die alt Fasnecht.

Es chnnnt em wie bem alte Wilb s'Tanze.

Er chunnt wenn alli Ehr en End het.

Er chunnt am jüngste Tag no z'spoot. Er wird nid fertig bis am Niemerlistag.

Er chunnt nid bis Majen=Oftere.

„Chum i hüt nit, so chum i morn."

Er ist zor bretta Roß cho (post festum. Appenzell).

„Du bist en Arme z'Nacht, chunnst erst am Morge."

„Wer nit chunnt zur rechte Zit, de mueß ha was übrig
    bliibt; bliibt nüt über, morn chocht me·wider."
„Lieber en leere Darm as en müede=n Arm."
Er treit fuuls Fleisch noche.
Er möcht im Winter schloofe und im Summer a Schatte lige.
Er ließ Holz spalte=n uf em obe.
Er verschlebt e Sach uf be letscht Zurzacher Märt.
Er hät Schnäggebluet. Er ist en Schnäggewyler.
Er mottet schi nit.
Er hät gar kei Verruck. Er rüert (macht) kes Gleich.
Er het wenig Oel im Chopf (Ausbauer).
Du thuest wie b'Müli vo Plämp (Bern).
Er ist der Karli Abgänt (kommt überall zu spät).
Er goht zur Arbet uf Bettehuuse und z'Chile uf Pfulwe=
    dorf.
Er het's mit be Bettlachere. Er will uf Bettinge.
Er singt s'Lilachelied (gähnt). D'Schlaflüs biiße ne. Er
    schnarchlet wie en Räbehängst.
Er schloft wien a Otter.
Er thuet den Arme wohl. (Wortspiel mit Arm.)
„Hür git's vil Obs" (wird Dem gesagt, der den Kopf
    stützt).
„D'Spinneri im Oberland spinnt alli Johr en Unterband."
    (Wird auch anders gedeutet.)
„Me cha der's nid auf der Armbrust betheer schieße."
„Es ist guet helfe bis zur Haberernt" (dem Zuspätkommen=
    den gesagt).
Das ist au en heiße im Augste.
De wett be heiter Tag Sterne gugge.
De rißt e keini Berg abe.
Er fürchtet scho, be Rhii laufi obsi. Er fürcht em allwil,
    be Schnee brünni. Er fürcht, es chöm ihm a b'Händ ane.
Er mueß gruje uf b'Ernt hi.'
Er het be Cherne verchauft.

Er het vil uf be ligebe Güetere.
Er ist gwerbig, we me=n em mit dem Holzschlegel uf e Grind git.
Er mag an i zwee Tage meh as in eim.
s'Schaffe ist em en Gspaß, aber er gspasset nid gern.
Er ma ässe was er will, so thuet em s'Schaffe nid guet.
Er ist nie früer as am Morge.
Er stoht früe uf: er mueß hälfe z'Mittaag lüte.
Er ist flißig vo den Elfe bis zum Mittaagglüte.
Es schafft Alles an em bis a das was zum Aermel uus lampet nid.
Er lot s'Gras Heu gee und b'Stumpe=n Embd.
Er ist en Tärimäri, en Liri, en Lorer, en Lärpi, en Lärbsch, en Lempi, en Schleerpi, en Päscheler, en Tschöörg, en Lahmarsch, en Füdeler, en Schlunggi, en Düggeler, en Döseler, en Feutsch, en Fulhung, en Hosetrumper, en Schlosöpfel, en Spotlober, en Tappi, en Plampi, en Dräihung, en Glanggi, en Trallari, en Trammel. Si ist en Trantsch, e Knieppe, e Lötsch, e Hootsch, a Luse, a Schlarpa, e Blättere, en Ziehfäcke, e Trüech.

3. Nimmersatt und Verschwender.

Er ißt bis em s'Halszäpfli gnappet.
Er ißt bis dert use.
Er ißt wie=n es Vögeli, aber er git abe wie=n e Chue.
Er ißt wie en Dröscher und sch. wie en Hund.
Er frißt wie en Dröscher und suuft wie e Bandzeine.
Er frißt wie en Hund — wie e Chue.
Er frißt e Chue bis a b'Hörner und es Roß bis a b'Ise und verchauft bises no um e Stück Brod.
Er fräß es Roß bis uf b'Ise und s'Ise gäb er na für Chäs.

Er fräß es Roß bis uf b'Jfe und z'letſcht wär em fäb nümme z'hârt.

Er iſt kei große Fräſſer, aber e chliine Vilmöger.

Er iſt en Hund (en Hagel) uf em linde Brob und ſchluckt s'hert ganz abe — und frißt na s'hert. Er iſt e Fräßhung.

„Wenn b'jäb gäſſe heſt, ſo blißt bi kein Hund meh nüechter — ſo fallſt nümme dur de Bettgatter."

Er wär gern ſo alt, bis er en Eich mitſammt der Wurzle gäſſe hett.

Er fräß elm s'Strau ab em Dach.

Er hett e gueti Sou ggee: er frißt Alles.

Er iſt chrank ungerem Fräßbank.

Er iſt chrank wien e Hue, mag vil fräſſe und nüt thue.

Er iſt gſchnäderfräßig — ſchmäberäßig.

Er iſt ſchwytig (gierig).

Si iſt ſchläckeri wie e Geiß.

Er hät en Mage wie e Zehntſchür.

Es bſchüßt em wie inere Chue es Ebbeeri.

Er hät de Mockeburſt — de Todtnauerburſt. (Aargau.)

Er macht zerſt Bode gäb er trinkt.

Er iſt nie de Letſcht bim Löffel.

„Guete Tag wo iſt min Löffel?"

„Beſſer en Darm im Liib verſprengt, as dem Wirth en Tropfe gſchenkt — as em Meiſter s'Eſſe gſchenkt — as Gottes Gab gſchängt (gſchändet)."

„Wenn b' nid gnueg heſt, ſo denk gnueg."

„Heſt be Hunger erfunde?"

J wett em lieber en Chübel voll gee weder gnueg.

Er iſt ſim Muul kei Stüfmueter.

Es goht wett uuf wie as Birehanſe Hochſig.

E Thier weißt au, wenn's gnueg het.

Er iſt en Baßewäſcher (Verſchwender), verthuenlich. Er ver= ſchlängget ſi Sach. Er hät ſi Sach verbrombeerlet.

Er ist en hungerstottige Mensch, e Niegnueg, en Langnüter, en Malchis, en Suppe-Malchis, en Gspeer (= Güber), en Hauberibau.

Wenn er en Franke überchunnt, so tanzeb zwee.

Es geit bruuf as wes ba Horlauwina brung.

„'s'Ist nu eimol Chilbi im Johr."

„'s'Goht Alles in Herbst, i b'Halm, i b'Ernd."

Er het Huus und Hei verlitzet (verschwendet. Luzern).

Er het sis Güetli unber ber Nase vergrabe.

4. Der Trunkenbold.

Er lebt möfzig (Wortspiel mit Maß).

Er hälbslet (trinkt gern eine Halbmaß).

Er lupft s'Chrüsili.

Er het unten immer hoch.

Er streckt gern ber chlii Finger i b'Höchi.

Er het s'Milzi uf der Sunnsite.

Er hät langi Site (Zürich.)

Er goht i die Chilche, wo me mit de Glesere zsäme lütet.

Er het keis Vermöge as die fernbrige Trinkschulbe.

Er ist es Wiiwarm — e Wiikuose — e läbigi Wilägele — a Winponto. (Wallis.)

Er cha für keis Wirthshuus ane.

Er loht si nib zum Trinke zwinge.

Er schütt be Wil au nib i b'Schue.

Er het nie us em leere Glas trunke.

Er cha bie volle Gleser nib liibe.

Er cha be Wii halt nib im Hals bole.

Er het en guete Zug — im Hals. (Wortspiel mit Zug Vieh.)

Er het en Schluck wie en Husarestifel.

En Druck und en Schluck.
Er cha drei Mooß banne.
Er het's wie=n e Zeine — er het's wie s'Trocheschääggis
Zeine —: me cha ne nid verschwelle. I wett lieber
en Graschorb verschwelle weder ihn.
Er suuft wie=n e Chue — wie es Füli. Er thuet Chüesüff.
Er trinkt bis b'Chue en Batze gilt.
Er trinkt en böse Wii — en freine Wii — guets, böses
Trank.
Er het e chöstligi Nase.
Der Wii schloot em i b'Nase.
Er het afe Blüemli uf der Nase.
Er brönnt am Morge s'Fäßli ii, as er am Aabe cha Wii
drii thue.
Er het e chli im Hörnli.
„Zahl du, b'Großmueter isch gäng die elteri!" „De hinger
Sattler zahlt's" (sagt wer sich aus der Zeche stehlen
will).
„S'Ist e Sou voll; wän alli voll sind, so cha=n i fahre."
Er het schwer glaabe, uf b'Site glaabe. Er füert Wii.
Er het en artige Wiichopf zahlt.
Er het Eine ghauft. Er ist selbander; er heb no Eine
biin em.
Er het si gsunnet.
Er het eis gege s' bös Wetter gnoh.
Es blöschtet biin em.
Er goht mit Dampf hei.
Er het am Lumperöckli büezt.
Er het en Pelz trunke as em be Nar nid gfrürt.
Er het wegem Loch kei Thür gfunde.
Er het schwachi Bei übercho.
Es het em uf b'Reb gschlaage.
Er het es Zungeschlegli übercho.
Er het glürlet.

Er ist a'bblüemt — agstoße — bstobe — naß — brämt — halbllinig — gål — ztrumsi.

Er ist båne — er ist sållg. Er ist i der Fure — im Dôlberli.

Er tropfet — rünnt — helbet — wäpst — zwirblet — schwarbet. Er chehrt si.

Er treit si Huet schårbis.

Er rüeft de Chrehe — dem Ueli.

Er springt über be Schatte. Er lauft gege be Wind. Er goht wie wenn er b'Straß wett mässe. Er mißt b'Stroß überwindblige. Er bruucht die ganz Stroß. Er halbet wie en Heuwage.

Er jagt dem Weih keis Huen meh ab.

Er luegt e Paar Stifel für e Mässerbsteck und e Fueder Heu für e Pelzchappe=n a.

Er weiß nümme gäb er e Bueb ober es Meitschi isch.

Er cha nümme Babi säge.

Er ist en Vollzapf. Er ist kanonevoll — blitzhagelvoll — chragebabivoll — blitzsternevoll — sternblindhagelvoll — söusackvoll — hundpudelvoll — voll wie e Balle — chatzvoll.

Er hät en Dips, en Dampf, en Dampis, en Trümmel, en Tümmel, en Spitz, en Glanz, en Wälsch, en Stüber, en Hops, en Chätzer, en Sibechätzer, en Chäib, en Tüfel, es Fueder, e Chappe, en Sabel, en Fahne, a Haarseckel, Oel am Huet, e Hirnmuetstheil (Schwyz), en Hirnmuethschaib.

5. Der Geizhals.

Er hocket uf em Gäld wie der Tüfel uf ere=n arme Seel —
wie der Hund uf em Heustock — wie d'Frösche=n uf
em Tüchel. Er luegt bruuf wie der Tüfel uf en armi
Seel — wie=ne Habi uf nes Huen — wie en Häftli=
macher. Er hät's i Gedanke wie der arm Jub s'Haudle.
Er hanget dra wie Gitzeharz. Er ist uf der Hegg
wie = u e Nachtwächter (Solothurn).
Er gieht jedum Chrizer durch ni (9) Muure nach.
Wenn er wüßti, daß er en Chrüzer im eue Chneu hetti, er
schlüeg's von enandere. Er wur im für e Chrüzer
d'Nase = u abschniide. Er schindet e Luus um eu
Chrüzer.
Gib dem Bueb eu Chrüzer und gang selber.
Um en Chrüzer Dreierlei und um en Pfenig Noble.
„Du wirst be Guldi nie uf sächzäh Batze bringe."
Er leit s'guet Gäld zum Fuule.
Er zahlt gern us ander Lüte Sack.
Er zahlt gern, we me ne uf be Bode leit und em's Gäld
us em Sack nimmt.
Er schichtet und schächtet.
Er hirtet sis Veh mit dem Stäcke.
Er thuet si Chüe mit Staub und Underwind füetere.
Er sorgt für en Alt. Er huuset dem alte Maa. „De = u
Alte noh, si hend au ghuuset."
Er huuset wie wenn d'Chatz die best Milchchue wer.
Si ist vo Huuse. *)
„Wän er Chäs wönd, es het bei uf em Labe = u obe."
Er ist hebig wie e Zauge. Si sind scharpfhebigi. Si sind
lusigi Zwickera.

---

*) Wortspiel mit Hausen, Aargau und Zürich.

Er wird ehnder rübig gäb riich.
Nach ſim Tod fahrunt b'Chind uf b'Sach wie b'Rappini (Raben) uf die Bleger (Aas. Wallis.)
Er git's wie er's gönnt.
Er iſt für ſchi Sack. (Wallis.)
Do heißt's zum dürre=n Aſt, helfi Gott dem Gaſt!
Er gäb eim nid es Chiibli (Zweig. Bern).
Er chratzet eim s'Bluet under de Negle füre.
Er ſchaffet in Pronobischratte.
Er iſt nid vo Gibioḣüt (Anſpielung auf „Unſer täglich Brot gib uns heut"). Er iſt nid vo Gebisdorf — vo Gibenach. Er iſt ab em Gibisnüt (Zürich). Er chunnt nid vo Gotterbarm. Er iſch nid vo Schenke. De Schänker iſt gſtorbe, de Hänker lebt no. Er iſt au nid vo Hilfikon.
Er gäbi va Häbige va Schäbige, va Aengſtigi va Lunſigi keim Meßdiener a Chrtzer.
Er iſch e Mutteblütſcher Bur (arbeitet übertrieben auf dem Felde. Solothurn).
Er iſt as rechts Schindti — en Züttliche — en Gitwurm — en Gizchrangel — en Gitchratte — en Giznäper — en Gitwuſt — e Güthung — en Niggel — en Schmürzeler — en Scharbenzeler — en Chümichnüpfer — en Hälſigſchaber — en Batzegrübler — en Batzechlimmer — en Pfennigchüſſer — en Blutzgerſpalter — en Schwäbelhölzliſpalter — en Langenüechter — en Chrangli — en Hündligürter (Bern).
Si iſt a rechti Zanga — an enggi Scheri — a ſtrengi Bürſta.

6. Der Hochmuthsnarr und seine Vettern.

Er meint si. Er meint er sei's. Er meint er sei de Vogt vo Dorrebire. Er meint es sei uf alle Bäume Chilbi. Er meint er sei s'große Hunds (Dorfmagnat) Götti und ist nüb emol vom chliine s'Schwänzli. Er hät e Meinig wie s'große Hunds Götti — wie=n e Huus. Er macht en Grind wie s'große H. G. Er meint er sei der Chöhli und der Storze.

Er macht si füecht.

Er macht si stettig wie s'Ankemaa's Esel.

Er macht si so breit wie en Wannemacher.

Er verthuet si wie=n e Hauflanbräb — wie en Chorherr — wie s'Bergers Mable — wie drei Batze.

Er bruucht en Platz wie en Landvogt.

Er bläit si uuf wie e Frösch uf em Dünkel.

Er thuet Oberarm ine.

Er böglet sich.

Er ist uf em Dolber obe.

Er ist en Wulleschmöcker.

Er het de Chopf uuf, es rägnet em fast i b'Naselöchli.

Er het de Chopf höcher as b'Chappe.

Er luegt über b'Chappe=n uus.

Er het e Meie=n uf em Chopf — uf em Huet.

Er het en eigne Chopf, wie en Bschnibesel.

„Mach bi nid höch, b'Thür ist niber."

Er ist obe=n uus und niene=n a.

Er ist be Hans Obenimborf — be Hans im Obergabe.

Er het e Bei im Rugge — es schit im Rugge.

Er lauft zäh Schue gräber as s'Richtschit.

Er streckt be Chopf wie wenn er en Däge verschluckt hett.

Er het be Huet uf morblee (morbleu) uufgſetzt.
Er ſtrützt ſi wie ſiben Eier im e Chrättli.
Er ſtellt s'Gſchaller wie en Stier.
Er thuet wie=n es Lohrind.
s'Raute ſtaht em a wie emene Chälbli b'Hoſe.
Er ſtellt ſi wie en Fäberemaa.
Es ſchlint wie Chrut und Bölle.
Er laat be Boom bruuf gah.
„E riicht Schwigeri bringt alles wiber."
Die ganz Welt iſt ſil und no brü Dörfer.
Er het Münz unzählbar: e Spaachetti ſe lang das b'Ebig=
keit und bänn erſt na brü Gleich.
s'Würd Eine meine er wär ber riich Mötteli — ber riich
Oeri.
s'Wür Eine meine, er chient uf em Täller tanze.
Er hät's uf ber Chuttle.
Er hät e Rebli z'vil.
Er het Prophetebeeri gäſſe (will Alles zum Voraus wiſſen).
Er iſt ſpech (nimmt nicht mit Allem vorlieb).
„Mueß me ber s'Babſtübli werme?"
„Däge, wo witt be Bueb — be Nar — hiträge?"
Er hät en Hochmuet, wenn's Bätteleckli a ber Wand gumpet.
„Babili reg bi, ſo ſalle b'Lüs ab ber."
Er ritet uf em obrigkeitliche Schimel.
Er het au ſcho vo dem Oel gha und wird jez nümme gſund.
(Vom Emporkömmling. Luzern.)
„I ha no nie kei ſo guetti Suppe gäſſe ſit dem i Grichts=
vogt bi."
Er rüemt ſi das er Milch gee möcht.
Er iſt en Brüemesler — 'en Hoffertsgüggel — en Brüginar
(Marktſchreier) — en Spargäuggis (Geck) — en Fiſi=
ſäuſi — en Dorfmunt — en junge Gäuggel.
Si iſt es hochmüethigs Beel, e Gärnaſe.

Si heb Ermel wie Windliechter.
Er meint es ghör em no vil use.
Me sett em b'Spiistrückun heejer stellun. (Wallis.)

7. Der Grobian und seine Sippe.

Er ist so grob wie Bohnestrau — wie en Schwarzwälder — wie en Höchster.
Er ist i Stall ine gheit.
Er ist i be Chalberjohre.
Er ist wider e Chalb uf em Schraage.
Er ist es Osterchalb — es Chalb Mosis.
Er ist am Chüeseil abunge. Er ist dem Chüeseil etrunne.
Er ist en überweibigi Chue.
Er ist nie us der Chüeweib cho.
„'s Chunnt grab es Chalb, s'schreit lüter."
„'s Läder wird wolfel, b'Chälber strecket si." (Wenn Jemand die Beine unanständig spreizt).
Er fahrt drii wie e Länbersau in e Bohneblätz — wie=n e Muns in e Grieshafe.
Er chunnt zum Esse wie b'Sou zum Trog.
Er chunnt wie be Hagel i b'Halm.
Er macht nib lang Mäusi.
Er nimmt's überhopp wie be Tüfel b'Buure.
Er schlot mit der schwere Hand drii.
Er glaubt au nib as Zuegmües (hält nicht viel auf Cere=monieen).
Er liit ie wie en Schwoob.
Er haut b'Sach mit der Schwizeraxt abenand.
Er fahrt grab dur b'Chuchi.
Er schlot uf b'Stuube=n as b'Nest zittere.
Er ist nie uf der Löffelschliifi gsii.

Er schlot b'Eier mit ere Tanne uuf.
Er ist vo Buebedorf. Er ist halt vo Buebike. Er ist halt z'Büeblike biheim.
Er hät s'Muul verlore, me mueß em es Chalberschnörrli chaufe.
Er hät s'Dütsch vergässe.
Er hät be Hals verbrännt.
Er seit nit vil um en Schilling.
Er geb doch lötzel om en Chrüzer.
„Vögel pfiifed euand Gottbhüeti zue."
„Wie höch b'Chappe=n um en Schillig?"
Er het Harz i der Chappe.
„Setz de Huet uuf, baß der b'Lüs nid verfrüred."
Er ist en grobe Chnopf, en Knubel — en Rüchlig en Holzbock — en Stößel — en Brügel — en Challi — en Rivioner — en Gnolggi, en Buureguolggi — en Pfnuost — en Schlüssel.
Si ist en Darrliwatsch — e Traschi.

8. Der Zungendrescher.

Er redt bis em s'Muul chupferlet.
Er schwätzt bis em b'Ohre guappet.
Er schwätzt dem Tüfel en Ohr ab.
Er schwätzt Vogel ober Dach.
Er hät s'Muul nid im Sack.
Er hät es Muul wie=n e laufedi Schuld — wie es Ofe=loch — wie e Bachofe — wie=n e Relle (Rölle) — wie s'Mahläli Baber — wie wenn er sibe Tüfel giräfse hett und der acht au no wett. Er hät e verchrättlets Muul.
Er hänkt s'Muul in Alles.

Es ist nüt an em as 'Muul.
s'Muul goht em wie ama Wasserstälzli s'F.
Er triibt s'Muul latiinisch.
Me mueß em uf b'Finger luege, nib ufs Muul.
Wenn's nib zum Muul uus goht, so mueß es hinde=n use.
„Schwig Muul, i git ber e Weggli."
„I will ber en Chrüzer gee, rüef's bis zum vierröhrige Brunne."
„Du bist en Nar und chast nib giige; bu hest es Muul und chast nib schwige."
„Wenn die furt ist, chunnt en anderi Chue mit ere neue Schelle."
Si het es Muul, es sticht und haut wie en Schwizerbäge.
Ihres Muul sticht und haut wie's Annis Böllemässer.
Si het es Züngli wie en Oeterli.
„Jumpfere Meblä Birestiel, i sött rebe=n und cha nib vil."
Er macht Chnetschwerch.
Er macht e Schweizi.
Er thuet Süeßholz rasple.
Er thuet wie wenn er's vom Stück hett.
Er cha's säge wie en Pfarer.
Er rebt wie e Nachtchappe.
Er rebt Gütterliwältsch.
Er ist brebt wie en Landvogt.
Er het e wackers Rebhuus.
Si Sach het kei Zopf und kei End.
Er macht Ghürsch.
Er chunnt nid ab der Chanzle, wen er emal umbruh chunnt.
„Reb du denn, wenn b'Henne brunzen."
„Schwig und gib bem Muul z'ässe."
Er git sim Muul nid vergäbe z'ässe.
Er breiamblet (Priamel), bäberet.
Er ist verschwige wie e Leghuen.
Si treit's ume wie b'Chatz die Junge.

Er ist en Schnörewagner — en Brüellätsch — en Erztampi
— en Brubler — e Dätschnase — en Fröglifrässer —
en Märliträger — en Briefliträger — en Prelat —
en Tönnell — en Schwabbli — en Laferi.
Si ist e Rätscha — e Dätsche — e Dätschbäsi — e Chletscha
— e Chlepfa — e Täche — e Waffle — e Stabtbese —
e Dorfrolla — e Dorfweibul — e Karfritigtabilla —
a Dampa — e Tralläre — e Schnabergätzi — e Netsch.

9. Einer, der der Wahrheit spart.

Er lügt daß's' stübt.
Er lügt, be Tüfel chönnt Söuhamme bebi sübe.
Er brichtet Zug, me chönnt Räbe berbi sübe.
Er lügt wie en Wachtelhund — wie en Briestreger — wie
 en Buechbrucker — wie en Häftlimacher — wie en Rohr=
 spatz — wie e Litchereb.
Er lügt wie en Frässer und en Frässer mag vil.
Er hät's wie en Weibel: er cha laufe und nib müeb werbe,
 suufe und nib voll werbe, lüge und nib roth werbe.
Er seit's wenn er lügt.
„Lüg bem Tüfel en Ohr ab!"
„Es ist erheit und erloge."
„Wenn b'bim erste Lug es Füli g'gee hettist, so wärist scho
 en alts Roß.
Wenn Lüge löusch Tuech wär, wär's nib e Wunder bas er
 schöni Chleider hett.
Wenn Lüge Wälsch wär, so gäb er en guete Dolmätsch.
„O Aetti wie lügst!"
„Lueg mi a und lach nib!"
„Luegeb au wie er roth wirb!"
„Mach mer nib Mösch!"
„Mach mer keini Brelamle!" (Präambeln.)

„Schwätz mer keis Loch in Chopf!"

„Schwätz mer keini Müs, i ha=n e Chatz im Ermel."

„Oha Choli! Hott ume! Mach mer be Choli (de Schimel) nib schüch."

„Und bo bist gange!"

„Derno het's achti gschlaage und b'Chind sind i b'Schuel gange!" (Schneidet weitere Lügen ab.)

„Jo jo be muest meh Loh ha!"

„Wer's glaubt, meint es sei wohr!"

„Umgchehrt ist au gfahre."

„s'Felster uuf!"

„Du lügsch i bii Chrotza (Rachen. Bern).

„Schnütz d'Nase, se gsehst besser."

„Säg's heiter use!"   „Säg's use, sust git's en Chropf!"   „Leer be Chropf!"   „Säg's recht, wenn d'scho e chli lenger hest."   „Red hoger, se tönt be Buggel!"

„Göug mi nid!"

„Still, es wott e Milch dicke!"

„Du erzellst Stückli wie halb Öpfel."

Er längt nume hinder's Ohr und het wider eini (sc. Lüge).

De chan ebes höuber be Ohre före näh.

Er het nid übel Mehl a der Chelle. Er macht en Stil bra.

Er macht en Schwanz as X.

Er cha mit dem große Mässer umgah.

Er cha Schwalbe schieße.

Er geb en böse Zigüner: er chönnt nid wohr säge.

Er hät rächt, me sett em rächt gee (sc. Prügel).

Er wer im Stand und wor euserem Herrget s'Unservater abläugne.

Was er seit, ist luter Luft und Duft. (Euphemistisch für Lug und Trug).

„Das ist en Lug wie-n es Huus."

„Wen er's nid glaube wend, so chöneb er der Anke gschunde=n ässe."

Er het wider es Zungeschlegli übercho (hat sich im Lügen verwickelt).

Me mueß en großi Löffel ha, bis me berigi esse cha.

Er macht us der Muggen u Hengst.

10. Kümmelspalter und Streithahn.

Er tröhlet bis an Gartehag abe.

Er drehet grabi Ringli.

Er mißt en Flöhgump.

Er gseht eim en Agle=n im Aug.

Er gheit Huus und Hof as s'Großvaters Belzchappe.

Er macht us eme Schlüsselchorb en Haspel und us ere Sou en Chräbs, wie de Wolf.

Er hanget bra wie e Zägg am Wulepelz.

Er will's ghebt ha.

Er ist en rächte Zwinglianer.

Er het en herte Nüschel.

„Es mueß iez eso sii und wenn's alle Hünde in Schwänze weh thät."

Er ist en rächte Dirggeliträter.

Me mueß em be Glaube=n i b'Händ gee.

Er ist e Wunderlikus.

Er macht be Gring.

Er macht en Mollechopf.

Er het be Bös — be Rappel — be Nar — be Stier.

De Natz chunnt en a.

Er thuet lästerli.

Er thuet wie be Hund am Seil — wie b'Chatz am Hälsig — wie b'Chatz im Hornig — wie b'Sou am Gatter — wie en Nar im Gitter — wie en Spitaler.

Er ist letz im Chopf.

Er hinbersinnet si no.
Er wirb no zhinberfür.
Er ist nib recht im Kritz.
Er ist us em Hüsli.
Er ist wieder ganz jänisch (toll).
Er ist hinberhägg.
Me cha ne nib flire und faste (kann ihm nichts recht machen).
Er ist uf em Esel.
Er ist glii uf em Esel obe, im Grötzli obe.
Er ist wie e Muus am Fade.
Er schreit wie en Zäck — wie en Dachmarder.
Er flügt uuf wie e Milchsuppe.
Er goht uuf wie en gheblete Teig, wie en Hebel.
Er ist güggelroth vor Täubi.
Er verchröttelet schier vor Täubi.
Er het Chnüppe im Chopf.
Er ist suuchatzfuchswild.
Er hänkt s'Muul wie en alti Amler Glige.
Er macht en Lätsch wie der Hängst vor der Schmidte.
Er ist ullibig wie e Muus in der Chinbbetti.
Er het e Giftbolle im Hals.
s'Isch bli-n em es Rad ab.
Es ist em so angst wie ere Chatz im Sack. Es ist em chatzangst. D'Chatz lauft em über be Buggel. Er jagt em b'Chatz ber Buggel uuf. Es git ber Chatz en Buggel.
Sibe söttig Blick chönnte-n e Roß töbe.
Er ist früntli, er gäb e Muster zum ene Essighafe.
s'Gügi stiigt em (er wirb zornig).
Es iglet en.
Er fahrt um wie be Tüfel im Buech Hiob — wie be Tüfel im Sterbet — wie e Chue im Räbacher.
Er wehrt si wie s'Thier im Hag.
Er ist en Wilberech — en Unbrüechete (ungebunben).

Er begährt uf wie en Nachtwächter — wie e Nachtchappe.
Er ist de Buure=n i b'Erbse gfalle.
Er verhacket s'Chrut (macht sich verhaßt).
D'Galle=n ist em is Hemb pfützt.
Er het gchislet und gchaslet.
Er isch e Brieggi — e gnietige Gränni — en Chäri — en Treussi — en Drüssel — en Surigel — en Surri= murri — en Surebis — en Chicher — en Nühel — en Guttili — en Blöster — en Pläster — en Tröhler — en Träjer — en Muggi — en Nißeler — en Heb= recht — en Fisigugger.
Si ist an grüni Hell (Wallis). Dere ist der Chifelzahn no nid uusgfalle. Si ist a Suurampala — e Brummel= suppe — es Giftlöffeli — es Häftlimönsch — e Surr= mummle — e Zyberligränne — e Figgestiel — e Säug= fuchs — en Muberchopf.
Do gseht's uus wie vo Tube zsäme treit und vo Hüenere verscharret.
Es goht zue wie uf ere Buurechilbi.
Es goht brin zue wie im Ebige bernäbe.
Es goht wie wenn Sibe hebtend uud der Acht nit wett goh lo.
Es ist Alles burenand, s'Bättet und s'Unbättet.
Es goht hoggisboggis, krausimausi.
Es ist det alls Rüebi (Unruhe. Aargau).
S'Riich ist nid einig.
Er hät be Hund loosglo.
Er hät ber Underwind bur's Hoor gjagt.
We me hüst goht, so wil er hott, und will me Denere, so wil er Jenere.
Er will Anderi rätze und cha sälber nid muuse.
Si hend si uufgfüert s'ist bes Bunds nid (unbändig).
Si hend's mit enand wie b'Buebe b'Vogelnester.
Si hend allwiil Uritis zsäme.

Si sind für enand use cho.
Si sind räß an enand.
Si händ überbocket.
Si heind enandere bs Vaterunser gebetet.
Si heind enandre alli Fuli und Gottlosi gseit.
Si strigleb enand wie b'Chatze.
Si heud enand verhooret.
Si hend wüest mit enand gcheglet.
Er thuet em's z'Trutz und z'Tratz.
Er het em de Chäs abgroothe.
Er het em s'Chäsli ab em Brot gstole.
Er chuunt em is Gäu.
Er ist em i b'Häre (Garn) gloffe.
Er het em es Hüenli vertrappet.
Er het de Barometer bi=n em verschüttet.
Er he e wüesti Suu bi im igmetzget.
Er het em e Chochete über.
Er het em öppis abgstriket.
Er hät em en Schlotterlig aghänkt.
Er het em e Spoh i b'Nase sprütze lo.
Er het em s'Hemp warm gmacht.
Er het ere b'Jüppe gschüttlet.
Er het en i b'Nöth gno (scharf ausgefragt).
Er het en nusgfötzelet — kögelet.
Er het en Biggen uf en.
Er fürcht e wie e Schwert.
Er het ne verunguetet.
Er häd em der Abwillen agrüert.
Er thuet en nüschle (betrügen — prügeln).
Er het em s'Zit nnsputzt.
Er het en uf b'Schlferete (in die Versuchung) gfüert.
Er het em b'Chappe gschliffe.
Er het em bie Gröbste abetho.
Er het en dur sibe Böde=n abe butzet.

Er het em alli Schand und Gäul gseit.
Er het em der Pflanz gmacht (die Leviten gelesen).
Er macht em es Helgli.
Er het en schlecht gmacht. Er het en unsgrichtet wie en Churerbatze. Er macht en abe wie wenn er i kein Schue ine guet wär.
Er zeigt em wo be Zimberma s'Loch gmacht het — wo der Bartlimee feil het. Er het ne vorusegstellt.
Er het en Näggis erwütscht (eins in den Nacken).
Er het em eis glängt. Er het em g'gee (sc. Prügel). Er heb en unsgwüscht — verchlopfet — abghoberet — abtöfflet — erliberet. Er het e mit ere ghämpfilige Ruethe erhaue. Er het em z'Müli (zur Mühle) tröschet. Er hüt en fläckli bim Chrübis guuu. Er het em's greiset. Er het mit em chragab gmacht.
Er muess ume chneue (der Gewalt weichen).
„Fräsfed enandre, be chennt er enandre sch..“
„I wett ne möge über b'Rhiibrugg abesch..“
„Jez cha me nid lang Stäcklibäre und Fäderläsis mache.“
(Zürich.)
Es ist wie we me Nattere töbt. (Die sterbende Natter soll andere herbeipfeifen.)

11. Einer, der's hinter den Ohren hat.

Er hät Müs (Ratze, Mugge) im Chopf.
Er het b'Auge (b'Nase) mitzen im Chopf.
Er het luteri Oign. (Wallis.)
Er het Schick und Blick.
Wen er's im Sack hett wie im Chopf!
Er hät's i der Nase.

Er hät's a der Hand wie be Stoßbäge.
Er lot si nib a be Zähne bängele.
Er lot si nüt a der Pfanne bache.
Er ghört nib guet mit em lingge-n Ellboge.
Er lachet hinnen im Muul.
Er lachet im Aecke.
Er het Merkt gässe.
Er het gmerkt wo de Brönz uselauft.
Er frißt nib vil Choth um en Blutzger.
Er weiß wie vil der Haber gilt.
Er cha s'groß Eimoleis.
Er cha's wie Tell.
Er cha s'chlii Häfelimärch (Hexewerch) und s'groß tribt er.
Er gseht b'Schnägge bälle.
Er macht Unberhaspel wo-n er cha.
Er hät Gäns z'melche.
Er hät's am Schnüerli.
Er hät der Sack am Bängel.
Er ist nib mit Strau uusgfüllt cho.
Er ist nib in's Mehl gchiit.
Er ist nib vo Dummbach.
Er lot s'Gras nib unger be Fingere wachse.
s'Isch nib us em leere Hafe grebt.
Er luegt em i b'Chraft (faßt ihn in's Auge).
s'Ist kei Uthöthli an em.
Er het's im Griff wie de Bättler b'Lüs.
Er macht Müggiliwerch.
Er cha läsu wie Bohne us Fäsu.
Er stoßt mit Rugge-n und Buuch.
Er isch nib Chlupfis Brüeder (nicht furchtsam).
Er liit is Gschirr.
Er darf de Gatter chlepfe lo (hat eine rechte Sache).
Es isch e verdammt en ufgleite Burst.
Er lueget uf eimol i sibe Häfe.

Er goht au gern der Wurst noh.
Er ist uf em Wurstzehnte.
Er sticht e Wurst a — er gheit e Wurst i Bach — as er cha e Hamme=n use zieh. Er tuuschet e Hamme=n an e Späckfite.
Das isch Eine wo für si Sack der Hoogge schlot.
Er will der groß Hase dervo träge.
Er möcht de Buure spotte.
Er tupft de Hase (macht Anspielungen).
Er macht sini Chnöpf (Späffe).
Es ist em so leid wie wen im ene=n Esel en Sack etfallt.
Es weiß no niemer wo der Choli trampet.
Er gliget hinder em Thürli.
Es ist em nid um b'Fasnecht, es ist em um b'Chüechli.
Er lot si nid zwit uf b'Est use.
Si het b'Hand am Arm.
Er ist so fix wie en Stock um de Vogel.
Er ist so glatt wie en Scheer.
Er ist glatt wie gschabet.
Er ist gwirbet und gwärbet — sibelistig — heimlischüch und dunkelzahm — bschosse (schlagfertig) — uusgstoche gschlib.
Er ist nid versteckt — nid links.
Er ist nid so dumm wie b'Chleiber an em schüne.
Me mueß mit em Büs Büs mache.
Me mueß mit em umgoh wie mit eme ungschalete=n Ei.
Er ist s'Mändli im Gütterli.
Er sticht is s'Chäsli ab em Brod.
Wenn's e Hunghase wier, er hätt in selber gleckt.
Er kennt em b'Chuttle=n im Liib inne.
Er het s'Chalb is Aug troffe.
Es goht zue, daß b'Chatze hinder em Ofe nüt inne werdet.
Si dänkt ihre Theil wie s'Goldschmieds Jung.
Si ist es guets Sparhäfeli.
Er ist e Heimlifeiß wie b'Geiß.

Er ist e Düßeler — en Muggebüßeler — en Mucher, Mu=
cketli — en Fuule — en Fino — en Trochebröbler —
en Zweiete — en Kanalles — en Kunde, en Kunbius.

12. Einer, mit dem's nicht sauber ist.

Er ist nib suuber am Chittel — über b'Läbere — über
s'Niereftuck. Er ist nit flete über b'Lebra. (Wallis.)
Er ist nib be Pröperst.
Er ist so suuber wie s'junge Chinblis Bettli.
Si ist so süfer wie b'Chue am Wabel.
Er ist sünbefrei wie=n e Chrott.
Er ist en Christ wie=n e Luus.
Er ist mager kei Helgli wenn er scho e so thuet.
Er thuet wie be heilig Geist.
Er het in einer Hang s'Bätli u i ber angere ber Tüfel.
I wett lieber si Bätbuech si as si Roß.
Er ist en Gotteströppeler.
Er springt alli Tag i b'Chilche und bätet ber läberig Hei=
land a.
Er het b'Muoter Gottes usm Huot und ber Tifol im Herz.
Es ist z'vergliiche wie wenn ber Tüfel us mene Engelsäcke=n
use luegti.
Drei Vierlig und en Rosechranz gib em au e Pfund.
Er stilt en Ochs und git b'Füeß um ber Gottswille.
Er het es Gwüsse wie e Nitere — wie en Strausack — wie
en Laubsack — wie e Wolfsgarn. Er het es Gwüsse
as me chönnt mit eme Fueber Heu bure fahre. Er het
es guets Gwüsse: er nutzt's nib ab. Er het es nagel=
neus Gwüsse.
Er bschiißt b'Lüt as eim b'Auge=n überlaufe.
Er verchauft Brülle (betriegt).

Er will überall guet Ma si.
Er macht guet Ma.
Er ißt mit zwee Löffle.
Er werchet mit boppletem Gschirr.
Er cha unber alli Ellböge Chüsseli mache.
Du hesch es wie be Kamelot: me cha bi träge z'Freud und z'Leid.
Du wersch e rächte Ma, wenn b'numme=n angersch thätsch.
Er treit im en Angere b'Chräze noh.
Er macht s'Männli.
Er isch e Ma wo me meine sett er 'wel eim chüsse und schlot eim gliich ber Hoogge.
Er gaht gern ab be Worte.
Er thuet em be Fisel striiche.
Er rüemt e, er möcht Milch gee.
Er ist en Scharingler (Kratzfüßler) — en Höbler (Schmeich=ler) — en Kalfakter (Ohrenbläser) — en Augesrund, Ruggesind.
„Schwig Herz und red Muul."
Du bist en subere Herr Eglt.
Du bist mer so lieb wie bem Chrömer — bem Müller — ber Dieb.
Nimm erligi Bletter, brück sen uus und wäsch bi Liib ber=mit. (Wortspiel mit Erlen und ehrlich.)
Du bist brav brei Tag, hüt ist be letscht.
Er thuet nütrechts.
Er thuet nüt as eim z'leibwerche.
Näimewo une und näimewo obe, i mag's nid rüeme und mag's nid lobe.
Polkahöseli Supiee bra, gwichsti Stifeli Roßmist bra.
Es ist söuisch gchocht, wer möcht bervo?
Er ist werth wie e Sou im Judehuus.
Er cha mer's nid.
Er ist kein Bitze, kein Blutzger — kei Sübürste wärth.

Er ist ken Batze wärth, wän er es Bletzli im Sack hät.
Er ist en Halbbatze wärth, wen er e ganze im Sack hät.
Er ist be Brävst ohne s'Vogts.
Er ist au nib ber Einezwänzgist.
Er ist no kein Lump, aber es güggelet bruuf.
Er ist en ebige Dise und Däne.
Es sind Beed die Bessere. Es ist Heiri — Heino — wie Hans. Binz und Benz hend enand troffe. Si hend's wie b'Buebe, wenn si Fäßli tröhle: der schlimmer ist alliwiil oben uff. Si sind über ein Strähl gschore.
Er ist z'bös, er cha nib trüje.
Me het en erwütscht ob em Guggelhäfeli.
Er chunnt an obrigkeitlichi Kost.
Es sind nib alli Spitzechrämer uf em Märt.
Er ist über s'Vögli trampet.
S'Isch e Nuß mit eme Löchli.
I chume nib us ber Musik.
Er het s'Metzgermässer füre glo (hat sich gemein benommen).
Me cha's erläse wie b'Wire.
Er hät Dräck am Stäcke.
Du wartist wider emol uf b'Chrämpf wie bie alt Mablee (stellt sich krank).
Er ist in Grundsbobe verborbe.
Er het vil uf der Beile (hat sich schwer versünbigt. Schaffhausen).
Er het en guete Maage, er cha Schuenegel verbaue.
Er het es wachstüechigs Mänteli a (läßt Alles über sich ergehen).
Er ist verruefe wie be Churerbatze.
Er ist allethalbe wie be bös Pfenig.
Er chunnt elm z'Huus und z'Hoof (ist läftig). Er chunnt alli Rägetag und bänn wider. Er ist wie Muz am Thürli (nicht wegzubringen).
Er ist so kogäs wie e Geiß.

Er süert Rede, me chönnt elm vergeh dermit.
Er thuet was de Brief in si hät (die Römerepistel).
Keis Fehlerli wo du nid hettist.
Wen i bi nid hett und ken Brod, so wär i übel bra.
Settig Lüt sett me chönne anderst zweie.
Er ist en Schelm wo ne b'Hut arüert — wo em b'Hut alilt.
Er lachet nid, s'göng dänn e Schiff under.
Er blibt bi siner Red wie be Has bi der Trumme. Er halt's wie en Hund b'Faste.
Wenn mir Eine emol gitzlet, so ist er mir e Geiß.
Wenn b'das machst, so mueß me der b'Hose=n abzieh.
Er fräuelet (benimmt sich weibisch).
Er sött si schäme wie=n e Bettseicher.
Andere büezt er b'Seck und sin lot er b'Müs fräsfe.
Das Frowwi hät en Zorn ohni Schrecku und Hangu, und as Glef (Maul) ohne Thür und Angu.
Er macht e schmutzig Muul (schmarotzt). Er ist en Ver=gäbisfrässer.
Er nimmt's sini Bire=n a wie ander Lüte=n ihri teigge.
Er ist wie s'Fähnli uf em Dach. Er fähnblet. Er macht Hag uuf und Hag ab. Er ist en Fahrum.
Er fallt ab wie be Choth vom Rad.
Er hät s'Gäld verchlopft, verbutzt, verplamperlet.
Er schlicht hervo wie b'Chatz vom Tuubehuus.
Der Chatz ist der Chäs befole.
Er fürcht immer b'Chatz chöm em uus.
s'Mänteli schlotteret em.
Er gheißt e Sach mitcho (stiehlt). Er chräbset in anger Lüte Sach. Er hät e leidi Gwonket mit sim Beeke (Stehlen). Flieh ober i nimm di! heißt's bi dem Burst.
Er zahlt mit dem nasse Finger.
Me sett em en hölzige Schope=n alegge (in's Gefängniß setzen).

Er het hinber der Thüre=n Abschied gno. Er het b'Finke gchlopfet. Er hät si zäpft. Er ist uf und derwo was gisch was häsch. Er ist furt weder butz mi no läck mi. Er ist stantebeni (stentibus) furt — hoselech furt — staubvombobe — starregangs furt. Er lauft derwo wie s'Hündli vo Brütte — wie Chlaus mit Secke. Er lauft wie s'heilig Dunberwetter. Er lauft wie's an e Landtag (Hinrichtung) gieng (Solothurn), wie s'Biisewätter, wie wen e s'Füür jage wor, wie wenn e s'Hündli b'bisse hett. Er ist mit dem Schelm derwo. Er het nach Laufeburg appellirt. Er ist gsii wie=n e Chatz dur e Baum uuf. Er flieht wie der Tüfel s'helig Chrüz. Er ist ge Piemunt wo ken Hund meh ume chunnt. Er het der Dewang gno.

Er git weni Milch meh (wird wenig mehr gelobt).

Das wäscht em de Rhii nid ab.

Das schläckt e kei Geiß ewäg.

Er ist dem Tüfel ab de Hose gschabt — ab de Horne gschabt — vom Chare gfalle — ab em Schlitte gheit.

De Tüfel hett e scho lang gno, er cha=n aber nid über de Rhii. (Schaffhausen.)

Was hilft's mer, wen e be Tüfel nimmt und ich de Fuerloh mueß gee?

Er isch us der Gnad Gottes.

Es nähm e ken Hund es Möckli Brod von em.

Er besseret si wie be Rieme=n im Füür — wie be Totsch i der Pfanne: me chehrt ne zweimol um — wie be Belz im Wäsche.

Er bekehrt si vo der Wält zun Lüte.

Er het is Handbecki tupft.

Er het halt en eigene Fribe.

Das ist au öppis wo b'Chatz nid frißt.

Si hangeb an enand wie Chrottekrös.

Er ist en Krüschler (ungetreuer Verwalter) — en Schnuber=
bueb — en Schnürsli — en Schämbinüt — en armsälige
Zäller — en bjässene Chog — en Cholber — an Gauza
— an Schockler (unbeständig) — e gfehlts Stuck — en
verfluechte Schergeri — en Schnürpfer — en Fürfüeßer
— en Luusbösche — en Hundenögger — en Läuflig —
en Schariant — en Schniffer — en Gispel — en Görgel
en Trüecher — en Holleho — en Chropf — en Fötzel —
e Häxeblisel — e Hertschue — e Butzbich — er ghört zum
Gumpist, zum Gschlüech.
Si ist en Black — es ist es Eigeligs — es wunderligs Greis
— e Bränte — e Bätnopple — es Fazenetli — es Flige=
bitzli — en Strupf — e Chuchisosel — es Haghuri — en
gottlose Ruß.
Die ist schlimm z'Niederwenige.

13. Einer, der das Pulver nicht erfunden.

Eso ganz bumm ist er bänn glich nöb, nu aber starch
brei Vierlig.
Er ist so bumm wie s'Namebüechli — wie e chrumbs Chüe=
horn — wie s'Chlosterschriibers Hüener.
Er ist so bumm, me chönnt en mäle — me chönnt em e
Pfund Schnitz uf b'Nase binde. Si ist so bumm, me
chönnt si mit Gänsmist verschlitze.
Er ist der bümmst Hung wo Brod frißt.
Er ist nu der Anbergschilbst.
Er ist uvernünftig gschiib.
Er wird gschiib, wenn b'Stei teigge — wenn s'Wasser obsi
lauft.
Er wird nib gschiib bis b'Buure Mist ab der Braach füereb.

Er ist gchropfet onb bogglet onb jöß nüb gschlib.
Er ist glehrt bis a Hals, aber der Chopf ist en Esel.
Er ist en Glehrte wie en Dreck e Brotwurst — wie be Guggu.
Er hät Verstand wie e Chrott Haar.
Er hät Ifäll wie en alti Oberbili.
Er treit s'Hirnli im ene Chrättli noh.
Er het e Spinngg (e Spinnhupele) im Chopf.
Er het en verschlagene Chopf, wen er b'Stäge=n ab keit.
Es ist nib richtig i sim Chopfhüsli.
Er ist lätz im Chopf.
Er suecht be Chopf i Holand une.
Er het b'Hoor be lätz wäg gstreehlt.
Er het no Füllzäh.
Er ist hundsjung und chalbernärsch.
Er het en Mählsack uf der Zunge.
Er schnützt b'Nase as er besser gseht.
Me mueß em en Chnopf a b'Nase mache.
Er hett be Chopf au scho verlore, wen er em nib agwachse
    wer.
Me chönnt e hinderem Ose verchaufe.
Me chönnt em agee, en wiiße Hund wer umgfahre.
Me chönnt mit em Salz füere.
Me chönnt en au schicke b'Schaubscheer ge hole.
Er isch i b'Ebbeeri gschickt worbe.
Me chan e zum Bist=es=Eseli ha.
Me mueß em's mit bem Holzschlegel büte und mit der Wanne
    winke. Me mueß em's mit Schlegel und Wegge iibläue.
Er lot si aamache wie Salot.
Er wird überthörlet — überhölzlet.
Er verstoht be Dräck, er mueß en Hafner gee — er mueß
    en bem Hafner bringe.
Er verstoht so vil bervo as e Chue vom Brätspiil — as e
    Chue von ere Muschgetnuß und en Esel von ere Flige
    — as e Chue spanisch.

Er weiß vorne nib baß er hinde läßt.
Er kennt kei Vögel weder b'Chrotte.
Er weiß au nib, worum b'Chrotte keini Schwänz händ.
Er ist nib schuld, as b'Frösche keini Stiili hei.
Er cha schwümme wie en Wetzstei.
Er cha schwümme wie e Chue Heu lappe.
Er cha nib all Vögel verspotte.
Er macht s'Wasser nib trüeb.
Er mag nib g'lauge, er ist no gar churz under der Nase.
Er cha singe wie s'Fellre Spuelrab — wie en Heerevogel.
Er cha singe wie e Chue pfiife.
Er cha weder gaxe no Eier lege.
Er ist en Nar wo ne b'Hut arüert.
„Du bist en Nar wo b' b'Hut arüerst."
Er ist en Nar i sim Sack.
Er ist en Nar in Folio und wer's nib glaubt ist au eso.
Er het de Nar abglo.
Er macht Thorebuebe = n = Arbeit — Tiritariwärch — Gnig= geli-Ganggeliwärch — Flurlinger=, Gaynhofer=, Brendli= murer-Arbet (Lalenburgerstreiche). Er macht Merliger=, Hegnauer=, Gersauer=, Ratischer=, Birgischer=, Munder= Stückli.
Er meint er heig es Vögeli gfange.
Er meint er setzi e Chlub in e Chloster (erweise eine Wohl= that).
Er fahrt mit be Müüse z'Acher.
Er flücht be Räge und gheit i Bach.
Er suecht b'Wurst im Hundsstaal.
Er het s'Rößli as s'Pfiifli tuuschet.
Er git meh für be Hälftig as b Sou wärth ist.
Er git meh um s'Chaaresalb as er mit bem Chaare verdienet.
Er lauft bem Füli noh und lot b'Märe z'Grund goh.
Er hebt am Sattel und lot b'Gurre laufe.
Er hebet s'Mögli und lot s'Mehrli laufe.

Er zält be Blutzger und verwirft be Batze.
Er bstoht wie=n e Luus uf em Ermel.
Er het's wie b'Luus uf em Ermel: fi weiß nid wo fie ane will.
Er suecht s'filberni Glöggli unber em Rägeboge.
Er will be Hüenere b'Schwänz uufbinbe.
Er het mit bem Wegge s'Brob erspart.
Er fahrt oben i Arm brii (handelt unüberlegt).
Er toopet wie=n e Chatz in e frisches Mues.
Er ist bur be Jüppeschlitz zum Amt cho.
Er het si nid wit useglo: wenn b'Mueter bachet, so chan er be Wegge ase warm ha. Er ist en gwanberete Gsell: chunnt all Obe wiber hei wie en Mülichaare. Er het vil Land bur e Challerloch gseh.
Er isch mit bem Sack bschlage. Er isch mit bem Mählsack — mit der Belzchappe — gschlage. Er ist en gschlagne Ma (Dummkopf. Bern).
Er isch gschupft. Er ist nid gmerkig. Er ist vo Ochsfurth. Er ist nit vo Gsehnlige. Si ist vo Gansinge.
Das Tuoch ist no nit gwalchets. (Er hat noch keine Er=
fahrung.)
s'Ist schad, daß b'nid no groo bist.
Me sett en im Füür vergolbe — mit Dreck vergolbe.
Er ist en Ma wie David, nu hät er ke Harpfe. Er ist en Ma wie David: er het Bei bis an s'F.. ufe.
Er het au öppis vo s'Uelis Hut.
Er ist au Eine vom Dutzeb wo me chönnt drizächni bruus mache. Zwölf bere gänb au es Dotze.
Das heißt b'Stier a b'Landwieb gstellt.
Er het au eis mit bem Sack übercho, wo=n er bi ber Lölis=
müli bure=n ist.
Er ist so guet wie be Hung-Ueli.
Er ist en Ma wie die lieb Stunb.
Wen i metzge, so muest bu b'Schaltwürst ha.

Das Mässer ist starch, es schniidt s'chalt Wasser bis uf be
Grund.

J wett be hettist hunderttuusig Franke und wärist min
Brüeder sälig.

Er stuunet Halbbatze.

Er chunnt zum Chind.

Si hät Gigelisuppe g'gässe (kichert beständig).

Was söll e Suu am e Spinnrab? Was soll en Esel mit
der Musgetnuß und b'Chue mit dem Rüberli?

Er ist en Joggeli — en Baschi — en Göli — en rechte Gammöl
— en Tschooli — en Trümmler — en Schlufi — en
Talpi — en Tschinggo — en Gnolggi — en Glunggi —
en Trüsselti — en Thürpfoste — en Tauchi — en Sturm
en Bool — en Tappismues — en Gspusi — en Opfer-
stock — en Drüfußbiffel — en scharpfe Ochs — en
löthigen Esel — en Chrottenesel — en Schlabi — en
Telgaff — en Schutzgatter — en gäche Lappi — en
Trämpel — en Dache — en Tüppel — en Nachtig —
en Goggel — en Gaggelari — en Lälli — en Löli —
en Gaali — en Gstabi — en Göffel — en Möff —
en Lallöhri — en Züttel — en Zötteler — en Gispel
— in eme Hirligspor.

Si ist e Stöberi — en rechts Buurebaabi — es Lalimeitschi
— es Tschalpi — es Tschaggeli — es Tüpfi — e Dog-
gel — es Neuni (von neue, z. B.: J weiß neue nib.
Bern).

Er ist e Müüseseel — en Hans Chlupf — chlupfherzig —
en Bettblutter — en Schüchpeter — en Apostützler
(abergläubisch) — es Häsili — en Blüttertüpf — en
Höseler — en Holderboggel.

Si ist e Fürchtigreth — e rechti Chlagamsle — e Jammer-
greth — en Lüresüder — en Flütti — en Schüchbündel
— e Gnegge — es Zipperinli.

14. Der Pechvogel.

Wenn's Glück rägnet, so ist er am Schärme — so hebt er b'Schüßle unberobsi; und wenn's Choth rägnet, so hät er si uufrächt.

Er het Glück wie en alts Roß uf ere hogrige Stroß.

Er het b'Breichi nib.

Es goht em Alles wider b'Haar.

Es goht em zäch.

Si Sach liit a der Fehlhalbe.

Es haperet mit em.

's'Will nib hotte.

Er wartet uf de Gelbhueste.

Er ma mit bem Dume nib recht nohe cho (bezahlen).

Er hät b'Händ unber em Faß.

Er hät de Wolf bin Ohre.

Er mag weber z'schwümme noch z'watte cho.

Er findt weder Trumm no End.

Er stoht zwüsche Roß und Wage.

Er cha b'Stuube=n uns ge Bändli haue.

Er ist weder Pfund no halbs — weder Hund no Leutsch.

Es ist ohni Saft und Chraft wie s'katholisch Vaterunser.

Es ist ihm zwider und umär wie de Chatze s'Schmeer.

Er ist im Zwitzizwatz (unschlüssig).

Es ist em chatzangst — chatzhimelerbenangst. Er ist ber Chatz.

    Es ist em bschnotte (unbehaglich, eng).

Er schlot Schamabi (gibt sich verloren).

Er het Ruuchs und Raas versuecht. (Schaffhausen.)

Er ist i der Höll und im Himel z'Chost gsii.

Er fürcht b'Ruud und chunnt be Grind über.

Er lot bis a be Nothchnopf.

Er ist nib zum Werbe und nib zum Verberbe.

Es ist grab wie we me thät in e chalte=n Ofe=n ine blose.

Er stoht wie=n e Chatz vor em Kürschner.

Er ist wie en offne Espi (uneingefriebigtes Grundstück. Schaffhausen).
Es goht hinnen abe mit em.
Es gaht ihm a b ab.
Er frißt vo der taube Chue. (Bern.)
Er schafft dem Büst.
Er lehrt der Santichlaus bchönne (wird durch Schaden klug).
Er mueß über s'Städli springe.
Das Ding het Est. Es het e Meinig — e Gsicht — e Nase.
Es gschmöckt em wie em Hund en Tritt.
Es wäscht em b'Chuttle.
Er ist schlächt im Strümpfli.
Er zieht b'Schupe hindere (wird kleinlaut). Er het b'Schupe inezoge.
Er chunnt au schön im Halstuech.
Er triibt si Sach obe in Arm (überschätzt seine Kräfte).
Er sagt in Ast.
Er wäscht be Schnabel am Bobe=n ab wie b'Hüener.
Es ist läßer as en Belz.
Er chunnt artig i b'Rispi (Klemme).
Er hät b'Hut und Ländi voll z'thue.
Er hät meh z'thue as e Chue zschwanze.
Er mag's nid baschge — nid gmeistere. Er ma nid gfahre.
Es überriesteret ne. Es thuet ne überhüfle. Es überschlot ne.
D'Chue schlot em be Chübel um.
De Chübel gheit em z'Huufe.
s'Goht der Chaz der Stiil uus.
Es gilt der Chaz der Schwanz.
Dem thuet me b'Häftli ii.
Er lot be Gatter chlepfe (schickt sich in's Unvermeidliche).
Er biißt i Chnebel.
Es chlepft ne (er macht bankerott) = es lüpft ne.
Es schlingget mit em.
Er goht zu Grund und Schitere.

Er mueß is Büchsli blose (für Andere herhalten).
Er weiß weder fürsi no hinbersi.
Er setzt d'Bänk uf b'Stüel.
s'Goht um wie s'Bache und wer kei Mehl hät, überhupst.
Es fehlt en ganze Buureschue.
Das druckt em der Bode=n uns.
Er mueß churz abbiiße.
Er hät be Blätz näbet s'Loch gsetzt.
Er ist vom Sattel uf s'Bast cho.
Er het en Buur im e rothe Wolhembli für en Ebbeeri
    agluegt.
Er ist veriiret wie be Metzger i der Chue.
Bist veriiret um en Schillig?
Er het's wie ber überrächnet Ma. Er ist mit ber Rächnig
    b'Stäge=n abgheit.
Me haut em be Chopf zweumol ab.
De hät si au guet inegmetzget.
Er macht be Chnopf lätz a Lumpe.
De Luft het em's Dach gno.
Er het be Hafe verschütt.
Er het be Hals verbrännt.
Da ist er in en schöne Tigel ine cho.
Er ist vor em Brod in Ofe gschloffe.
Er hät en Schue voll use gno.
Er hät au eu Schläck dervo übercho.
Er het eis uf b'Chürbs übercho. Er het übercho.
Es het em be Batz (Stooß) g'gee. Es het em be Borz g'gee.
Si hend ne gschnätzlet.
Es het em uf b'Flinte gschneit.
Es hät em zum Naffe grägnet.
Er hät be Schutz. De Schutz ist em hinden use gange.
Er trait sim Gschäft es Ohr ab.
Er hät si verrößlet, verchüelet, verchärelet.
Jez hät b'Chatz linggs gmuuset.

Es hät en. Es hät en g'gee. Es hät en am Frack — am Bändel.

Es hät ne z'Mues und z'Fätze verschlage.

I hett gmeint, de Herrget ließ ne das nid zue.

Es ghört em an Hals. Es ghört em wie dem Hund b'Suppe.

Es het em en Wüsch uf b'Nase ghört.

Er hät be lätz Finger verbunde.

Er hät e Lätzi dervo treit.

Er het ume de Müse pfiffe.

Er ist näbet s'Brett gsässe.

Er ist zsämefüeßlige i b'Lätsche.

Er het's vergee wie der Chrämer be Schran.

Er cha jetz am leere Stand schmöcke wie de Chäsma.

Er cha jetz b'Hösli am Thor abwüsche.

Er cha schich jetz in b'Fingra büße.

Er het dem Hobel z'vil Holz g'gee.

Es geit em z'Neubers.

D'Chatz het's gfrässe.

Er hät e Chatz für en Haas gmetzget.

Er hät dem Tüfel en Ohrfiige glängt. Er hät dem Dräck en Ohrfiige g'gee.

Er ist putzt um's Rueß. Er ist putzt und gstrehlt.

Er ist i der Thrott — i der Chluppe (Klemme).

Er hät z'chnäte und z'bache.

Er zitteret wie e nasses Chalb.

Er isch überort gange.

Er het e Tuub im Sack gchauft.

Er staht da wie en Elggerma.

Er macht en Lätsch wie be Hengst vor der Schmidte.

Er chlagt si wie e rünnebi Pfanne.

Er hület wie en Trübelhund. (Aargau.)

„Hett i nu mi alt Hüsli no!"

Es ist so loftig wie im Himel vorossa.

Er het b'Sach unger's Isch bracht.

Er ist wie en agsächte Hund. Er schämt si wie en Pudel.
Er ist wäschnaß.
s'Geit is Heere=n Erbs (man hat die Scheibe verfehlt).
Er ist of em Florz (im Verfall. Appenzell).
Er het's wit b'broocht: er fahrt in ere papierige Gutsche im
 Land ume (sein Bankerott läuft durch die Zeitungen).
Er cha go horne — go pfiise — be Müse pfiife — hei=
 schriibe — go Band haue.
Der Forster het em b'Axt guo.
De Hag het e Loch.
Es isch em der Bach ab.
Er het e les Chatzebeckeli voll meh z'verlüre.
Es isch em öppis uf's Grisp (Fußhake) gfalle.
Me hät em so Schuenägel i Chopf gschlage, will me=n em
 iez no Leistnägel drii schla?
„Wenn de Schlegel ab ist, wil i de Stiil grab au nohi
 wörfa." „Häb b'Chue ber Chübel umgheit, so ghei si
 b'Gelte=n au no um." „Hesch de Tüfel gfrässe, so friß
 b'Hörner au." „Heb be Tüfel be Vogel, so nähm er
 au s'Chesi."
„Das isch iez glich gäb b'Geiß gitzlet ober verreckt."
„J wett jo gern metzge, wen i es Messer hett, aber i ha
 kei Sou." „J wett jo gern chüechle, wenn i Anke hett,
 aber i ha kei Mehl."
Er het e churzes Chämi.
De Späck wird bo nid tüf. Do ißt me nüt as Schnitz.
Er chunnt um Hubel und Hab.
Er cha si Vermöge im eue Hund an Schwanz hänke.
Er hät en Hund won em b'Schulbe frißt, won em s'grau
 Brod frißt.
Er ist um Sack und Bändel cho.
Es hett's e Muus uusgwoge, so wer er abegheit.
Er hanget wie=n e Luus an ere Jüppe (hat große Noth
 sich durchzuschlagen).

s'Ist hül wie s'Jude Seel. s'Ist gwebelet und putzt. Es ist
    übere mit Landau.
Er het en Titel ohni Mittel.
Er het die best Jrichtig, nu ke Mehl zum Bache.
s'Ist wie wem me=n en Bättelbueb i b'Höll abe gheitt (es
    verschlägt ihm nichts).
Kei Aecherli wo=n er säet, kei Wisll wo=n er mähet.
Er het be Gasthuet abzoge (ist unscheinbar geworden).
Si isch so naß heicho wie=n e Wäschlubere.
Ds Hischi (Häuschen) ist leers.
Er het Schabe-n im Buuch.
Er het nib vil z'blitze und nib vil z'chrache.
s'Thau isch em ab dem Mage.
Er het afe Hunger wie en Aff.
Er cha s'Muul ufhängge.
Er möcht vo Hunger balb Roßnegel fräffe.
Er het b'Bagge=n ab gluegt.
Er mueß mit guete Zähne übel bltße.
s'Isch troch wie s'Chäfers Loch.
Das gäb nib gnueg für Salz uf b'Suppe.
Er verdienet bloß s'lau Wasser.
Er hät meh Schleeg übercho weder Brod.
Er hocket uf em Blutte.
Er ist z'arme Tage grathe.
Er ist Eine wie Güge en Ritter, ritet uf em Stoßchare in
    Spittel.
Er het nit was em im ene Aug inne weh theet. „I will's
    in Auge trege was i gha ha."
„Ich und du hänb vil Gälb."
Er ist mer in der Tinte (schulbig).
Er ist alle Hünde schulbig. Er hät Schulbe wie roth Hünb.
    Er ist voll Schulbe wie en Hund voll Flöh.
Er mueß iez dänn en Hund zuethue as er em b'Schulbe frißt.
Er het en Hund nöthig wie be Bättler e Golbwaag.

7

Er ist verschaagget wie en arms Hündbli.

Er isch em Herrget en arme Ma schulbig; eitwebers muess er em eine stelle, ober er muess en sälber sii.

Er ist en arme Tüfel und het kei eigni Hell.

Er ist en arme Hubi — en arme Hauli — en arme Blueter — en arme Gschlufi.

Er ist so arm er vermag keir witze Luus der Belz z'plätze.

Er isch in ere schüliga Armuet inna, dass s'Für no nomma warm get.

Er het Alles verlore, vom Löffel im Rigel bis uehe zum vierspännige Fuerwerch (Rigel = gekerbtes, über dem Tisch quer an die Wand genageltes Holzstäbchen, in welches nach der Mahlzeit der Löffel gesteckt wird).

Si lebeb wie b'Chesler. s'Ist Chesslerwaar — Hubi= (Hubel=) waar — Chorbmachergehubul.

Er muess öppis ha, er isch au kei Hund.

Das isch wie en Heller in e Gtige.

Er hät aghalte wien en Brueberma.

Er henkt vo eim Nagel a ber anber (macht Schulden, um Schulden zu bezahlen).

Es gaht brum wie z'Wienecht um b'Schühuet.

Er ist a Brenngarte verbii gange (= beinah abgebrannt).

Er ghört zu be Heuschlüte.

Er ist am eigne Brob wiber guet worbe.

15. Der Glückspelz.

s'Glück wil em.

s'Glück troolet em zum Dach ii — zum Pfeister ii.

Er ist es Glückstüpfi.

Der Holzschlegel chalberet em uf em Esterig obe — uf der Schütti obe.

Der Eselstuel (Schnitzelbank) chalberet em vor em Huus.
Er het Figge und Müli.
Er het's so guet wie e Herrehung. Er hät's hunds guet. Es ist em hundswol, vögeliwol.
Es ist em so wol wie=n ere Luus i der Chindbbetti.
Er trüjet wie en Probst. Er stellt e tolle Ma i b'Hose.
Er z'weeget. Es goht em uuf.
Er ist gsund (frisch) wie es Rhii=Egli.
Er ist der Peterli uf der Suppe. Er isch wie der Beterli uf alle Suppe.
Er ist der Bock uf em Berg.
Wenn er in e Dörnstuube=n ine gieng, so gieng e=n em b'Lüt noh.
Er cha b'Charte rüeme.
Er chunnt ungschlage ab der Chilbi.
Es hilft em uf b'Geiß.
Es ist es Fräsfe für en wie jung Müüs.
Es het em e rechti Chue gchalberet.
s'Ist grothe mit ber Alte, si frißt wieder.
Er meint, es sei alle Lüte gno und ihm g'gee.
Me würd meine, si hette en Aalruun.
Das ist em e gmäjte Wies. Das ist em es gjattlets Gmües (Gemüse mit Speck ic.). Das ist em Fleisch is Gmües. Das git em Schmutz uf der Ermel.
Du bist nu z'röslich.
Er lacht en Schübel, ganzi Schölle.
Er ist Hurlibus (aufgeräumt).
Er ist im Strumpf. Er ist guet im Strumpf.
Er ist z'gäggels. Er ist schier vergigelet.
Er freut si wie en Hund uf e Hochsig.
„Scho wiber Gälb baß b'Frau nid weiß!"
Er ist der Vetter Sparhafe.
s'Ist Alles blutschebig blatschebig voll.
Er ist zu Gwand cho.

Er hät's und vermag's.

Er hät's im Blei.

Es goht em wie gschnätzlet — wie uf der Geisle gchlöpft — wie Back (Tubak) — wie Schnupf — wie Chabis.

Er het Gäld wie Chrees (Reiserabfall). Er chan im Gäld grüschle. Er hät Gäld wie en Söutrilber. Er het Schifere.

Wen ich e so vil Gäld überchäm, so wür i meine, all chlini Hüsli (— all Wälderhüsli —) werid miine.

Er hät's wie en alti Wättertanne, wo s'Donnerwätter scho nünenünzgmol der bürabe gschlage hät und doch gäng wider uusschlot.

De Mo schiint em bie die ganz Nacht.

Er macht ke bösi Füeteri.

Es goht brum wie um s'Witzbrot.

Er lebt im Salb (sitzt in der Wolle), im Florium.

16. Auf Abwegen, auf Freiersfüßen, in Ehe und Verwandtschaft.

Er ist en Meitlischmöcker — Meitlischmöcker, Buebebroht lauft be Meitline hinne noh — a Maitlaholber — en Lütagumper — en Schürzefründ (Wortspiel mit Schützenfreund) — en Lust — en Hunbel — en Uhund — en wüeste Pfüdi, Grüsel, Dingeler, Niggel — en Soubantli — en Souniggel — en Souruedi — e Souhut — en Wuest.

Si ist es Buebemeitli — a Buabaholber — e Hagamäsle — e Moosgueg — a Rasuna — e Schlöpf — e Schleipfa — e Schleipfsack — e böasa Chratta, Heegel — as Fahri — es Güschigut — a Rossa — e Lobe — e

Leutsch — e Gure, es Gurli — e Furra — e Kubi —
e Schluenz — e Luenz — e Flaubere — e Fluttera —
e Flettera — es Näf — en Fötel — a Troja, e Troala —
an Porgga — e Chlepfschella — a beschi Scheri (Wallis)
— a rätsi Hagsch — es Leber — es Lösli — as gfirigs
Fell — e Grunggunggla — e wüests Laster. Si ghört
au so zum Wlibergschmöus. Si lat sich fingerle.

Er hät vam hübschu Wibuvolch kei Grusu.
Er goht go jöne (auf den Strich). Er ist uf em Fürsuch.
Er goht z'Chilt, z'Liecht, zur Spine. (Appenzell.)
Er ist uf em selber (ledig, aber mit eigener Haushaltung)
 = Er hät Siis für Siis.
Er ist i ds' Vaters Mueß und Brod.
Er hät en eigni Tischtrucke.
Er bruucht keini Spreuer zuezträge (hat für keine Kinder
 zu sorgen).
Er ist ledig, aber oho.
Er ist ledig bis of der erst Hosechnopf.
Er schmöckt e Brut. (Beim Nasenreiben).
Er schleikt e Wittfrau noh (bleibt am Dorn hängen).
Sini Chind luege zun anger Lüte Pfeister uus.
Er hanblet um Schübe (sucht uneheliche Kinder unterzu=
 bringen).
Er het um Scherbezüg ghanblet (bringt eine Gefallene an
 Mann).
Er will ra immer am Schurz stechu.
Er het es Jse=n abgsprängt (ein Uneheliches).
Er het in einer Hitz zwänzg Regel gmacht.
Si lueget i frömb Häfe (liebäugelt).
Si bechönnt be Samichlaus (ist eingeweiht).
Si ist aller Buebe Anneli. Si het Schriß (ist gesucht. Bern).
Si ist verfluecht hölbig (verliebt).
Si wird wol no is Wangener Rieth abe cho und alt Hose
 bläße müesse (in's Girizemoos. Zürich).

Si würd en Schappel vo Strau übercho.
Si het Chees uf em Brod g'gässe (ist gefallen). Si hät s'Chessi a'bbrännt. Die ist au scho angruuchti. Er het Chäs ohni Brod g'gässe.
Si cha die Bire schütte.
„Bäbeli der Pelz brünnt!"
Si lot si mit de Hände fange.
Wenn me si bät, wer weiß was si thät.
Si het nes Ohr ab. Si het es Roßitse — e Horn — verlore.
Si ist vo Flandere, git Einen um en Andere.
Si hend b'Meinig enandre. Si sind scho lang hinberenandre (Bekanntschaft).
Si hend e Potzlosi (geheime Zusammenkunft).
Si sind vor der Meß z'Opfer gange (haben sich vergangen).
Er isch in si verliebt wie b'Chatz in en holändische Chäs.
Der Schatz bänkt a si (wenn ihr die Schürze entfällt).
Do sitzt si uf em Mist, nimm si wie si ist.
Er bruucht e Frau wie en Hund en Stäcke.
De Haber ist vor em Chorn riif. (Wenn sich die jüngere Tochter vor der ältern verheirathet.)
Si het müesse uf der Geiß sii (ist ohne Liebhaber vom Tanz gegangen. Auch allgemeiner).
Von ungfähr — wie b'Meitli zum Tanz und b'Chrämer z'Märt.
„Mueter i mueß en Ma ha, oder i zünde s'Huus a."
Wenn d'mer be Gfalle thuest, so muest dänn emol e Frau ha und wenn si müeßt Ohre ha wie=n e Baiersou.
Er het Eine mit ere (tanzt mit ihr).
Si mache de Hexetanz (Mädchen tanzen unter sich).
D'Harzmachers Tochter und b'Hungerlübers Suh, die Beide heind anander gnu.
Er hät es Wiberoolch a der Hand. Er geit uf b'Wybig.
Es git en Chäs (es wird etwas aus der Sache). D'Chilcher und b'Märilüt zelle's. Es weißt's Niemer as b'Chile= und b'Märtlüt.

s'Mareili ist nümme ledig, sis Glas scherbelet.
De Hüret ist im Träff.
Er ist i de Finke heig'gange (Hochzeit in aller Stille).
Si händ's richtig gmacht.
Si het sech iigmannet.
Er goht ge bäte (beim Pfarrer die Hochzeit bestellen).
Si sind abeb'bräglet (von der Kanzel verkündet).
Er hät es Meitschi z'Chile gfüert.
De Her Pfarer hät ere e Hoseträger verehrt.
„Guete Tag Taufstei, i chume nid elei."
Er ist i b'Rue gstellt. Er hät si veränderet (verheirathet).
Si händ übere gmacht. Er hät iez die golbi Wuche. Si fliret de Schuevertrinket (Nachhochzeit).
Er ist i b'Ehstanden ine gheit.
Er het b'Huer an e Här tuuschet.
Er hät igwiibet (mit der Frau ein Haus bekommen).
Der Schlimp het b'Schlamp gfunde.
Si schicke sich zsäme wie en Mensch und e Chochgelte. Es schickt si wie Charesalb und Rosoli. Es taugt zsäme wie Chabis und Schoosfleisch. Es paßt zsäme wie e Pasteete an e Mistgable — wie e Handhebi an e Mähl=sack — wie e Besestiil uf nes Jumpferehärz — wie de Haspel in e Sack — wie de Haspel in e Geldseckel — wie=n e Hund mit eme Barisol. Es riimt si wie Choche und Salzmässe — wie Arsch und Friederich.
Er ist Meister, wenn b'Frau nid biheime=n ist.
D'Frau ist b'Majoräni im Huus.
D'Frau treit s'länger Mässer.
Er mueß siner Frau keini Murre chause.
Wen er heichunnt, so bruucht er nume guete=n Obe z'säge, b'Frau seit s'Angere scho.
Wenn de Vater will und be lieb Herrget will und b'Mueter will nüd, so chüechlet si nüd.
Er hät under em Latthag bure gfrässe.

Si sind mit enand vor der Schmidte gsii (vor dem Ehe=
gericht).

Er ist en Chäusi (geht im Alter noch auf's Heirathen aus).

„So lang der Herrget nimmt, nimm i au" (sagen heiraths=
lustige Wittwer und Wittwen.

Er isch in angeri Hose gschloffe (hat sich wieder verheirathet).
Er het bald e Loch in Huet gmacht. Er het es Loch
dur de Huet briegget.

Si händ s'Hänsli im Fäßli verschwellt (Abendschmauß bei
den Großeltern nach angekündigter „Hoffnung".) „s'Söll
läbe der Hans im Chäller!"

Si ist hops (schwanger) — uf em Haltel (Hälfte der
Schwangerschaftszeit). Schi ist im andrú Stand. Schi
ist nit aleinig. Schi ist trägundi.

Si het s'Büntili abgleit. Der Ofe ist iigfalle. D'Wald=
brüedre ist cho. D'Schuemacher sind da uf der Stör.
Es ist anders Wätter. Er het Schiini im Strow. Er
het de Chlaus obacho. s'Ist wieder e Johrwerch verbii.
Si hend Jugend übercho. Si sind erfreut worbe. Si
hend en ungfreuts Mensch übercho (ein Todtgebornes).
s'Het unzitig gflenkt. Er het a b'Freud gseit (Geburt
angesagt).

Er isch überkindet (überreich gesegnet. Bern).

Das Ching het sini Auge nid gstole.

Das Chind het b'Mueter gsugu.

Es ist en Uflathschind (Bankert).

Er ist der uuf und ähnli Alt. Er ist der gspeut Vater.
Es ist der ei baar Vater. Er mahnt mi uuf und niber
a be Vater. Das Chind hät be Model vo sim Vater.
Si sind wie abenand abe gschnitte. Er gseht em gliich
wie der Apostel Paulus em Tintebueb — em Käruess=
bueb. (Schaffhausen.)

Er ist gebore i dem große Winter, wo b'Hegelimässer verfrore
sind und be Bach über be Hag ieglampet ist.

Er ist vo nieneher und doch do.

Er ist vo dem Abel, wo d'Nase=n am Ermel abwüscht.

„I bi miner Mueter nid a be Zehe gwachse."

„Min Goof ist au nid ab em Nußbaum obe=n abe cho."

„Mi Großmueter und si Großmueter hend b'Windle=n an einer Sunne tröchnet."

Er ist us der sibete (— hundertste —) Suppen es Tünkli.

Fründ wie Hünd, Gevattersblüt wie Hundsfütt, Vetter wie Chabisbletter.

17. Kranker, Ablebender, Todter.

Er isch e Tschitter (gebrechlich) — en Särblig.

Er ist nid just — nid zweg — marobi — muderig.

Es bruetet öppis in em.

Er bhebt si allethalbe. Er ghaat sich. Er treußet — trößet — grochset. Er grupet ume.

Er het en alte Räste.

Er hät es Bei im Fueß. Er hät's im e Bei.

Er het es Töchterli, es Grethli, es Urscheli, es Rösli am Aug.

Es het en gleit. Er isch bettris. Er isch im Chorb (im Bett. Solothurn).

Er het umhiglächnet (hat das Leben von neuem zum Lehen empfangen. Bern). Er gruonet wieder, chümet wider.

Er ist no nid überem Grabe.

Er ist in en böse Wind cho.

Es ist em en böse Wind worde.

Es möcht gmolet am Himmel stoh was er liebe mueß.

s'Hähl Fleisch — s'pur löthig Fleisch zännet em füre.

De Dokter macht's bös.

Es het ne hert.

Es ist em i Bobe schlächt, bobeschlächt, erbeschlächt.
Er überhaut's nümme.
Er hät bösch über be Berg.
Es gaht hinnen abe mit em. Es abet mit em.
Er trübt's nümme lang. Er macht's nümme lang.
Er ist am Anthaupt — am Fürhaupt (Ende des Ackers).
Me schetzt en nümme=n uuf.
Er cha kein Krauch meh thue (kriechen. Bern).
Er ißt kei Hampvole Salz meh.
Er ißt für kein Schilig meh.
Er het gnueg Brot.
Es schwiint em.
Er schwiint us em Gwand. Er fallt us be Chleibere.
Er nimmt ab wie be Tag um Martini.
Er het si gschmuggt.
Er het Wade wie s'Hündli vo Babe.
Er het Wade grab abe wie be Hans vo Babe.
Er tuchet ume wie en Schatte.
Er versorret und verborret.
Er het es Muul wie wen er Gitzi gfrässe hett.
Me mueß em b'Zunge schabe mit dem Stuelbei.
Er het gleibet (schlechtes Aussehen bekommen).
Er gseht bril wie en Arme=Seele=Gliger.
Er gseht uus wie ber Tob im Basler Tobtetanz — wie ber
  Tob im Gaspiel (Gansspiel) — wie ber Tob von
  Ypera (Appenzell) — wie s'Gächtobs Oberrüter — wie
  e gchotzti Milchsuppe.
Er treit be Tobteschii im Sack noche.
Dä Hueste mueß Grund träge. (Wortspiel.) Dä Hueste
  heuscht Härb. So en Wueste mueß Brod han ober Herb.
Sis Oergeli ist am Uusslüte.
Es wird e woll neh.
Es nimmt en am Ringge. Es hät en am Bäubel.
Es gaht em um be Bundtrieme.

Es putzt e.
Me mueß em der Aser brucke.
Er mueß ga b'Scheera hüeta. (St. Gallen.)
Er mueß über s'Städtli springe.
Er wird müesse b'Bei i b'Heechi stitze.
Er hät be letscht Zwick a der Geißle.
Er hät s'Letscht im Ofe, im Räf.
Er hät's Letz im Häfeli (bie letzte Oelung).
s'Git bald en Aenderig.
Mit ihm hät's gschället.
Es het em s'Anger glütet, s'lütet em glii zsäme.
Er het nächt s'Tobtenührli ghört.
De Nachtheuel hät em nächt der ebig Abschieb ghoolet.
Er ghört am Ustag bu Gugger nimme schriju.
Er ist zum Gugger.
Er will ufgeiste.
Es staht en herte Bot a sim Bett.
Er chratzet a der Decki. s'Bös Grüüsse lot e nib sterbe.
Es schlot em is End. Si henb zum Enb grüeft (sc. die Nachbarn).
Er ist verwahrt (mit den Sterbesakramenten versehen).
Es gaht em über s'Herz.
Er ist am Abwäbe.
Er toabet (St. Gallen) — giblet (Bern).
Er het ebig verschnuufet. Er het vergässe z'athme.
D'Auge sind em überschosse.
s'Glüngg (Lunge) ist em abegfalle.
Er ist gstabet und bstabet.
Er hät gräch gmacht. Er ist vermauglet, verreblet. Es häb e gschlepft. Er ist abgspaziert, abbisilirt, abgchratzt, überbure.
Er hät ber Löffel verworfe. Er het be Löffel gebort (Wallis) — uufgsteckt.
Er het en ringe Tod ignu. Er het's churz gmacht.

Es ist e nett Töbli (liebliche Kinderleiche).
Es ist en Gottlöbige Tod.
Er ist in ere papierige Gutsche heicho (im Todtenschein).
Er hät müesse bra glaube.
Üse Herrget hät e gholt.
Er hät ghimmlet.
Er ist nidsi in Himmel. Er ist im Nibsigänt gstorbe.
Er ist i de Himel cho, wo=n eim b'Öpfel im Sack brote und b'Engeli Schwänz träge.
Er ist mit dem Petrus einig worbe.
Er het sich gflüchtet. Er ist furt.
Er gaht z'Mareszsch (Moritz) Henne ga hüete. Er mueß abba balb usm Frithof gan b'Henne hietu. Er mueß ge Bire schüttle — ge Bänbli haue. Er goht i b'Holzbire.
Es heb wider Eine (wenn das Endzeichen geläutet wird oder Schlagen und Läuten der Kirchenglocken zusammenfällt). Es ist wider Opper i b'Ewigkeit.
Me het gmeint gha, me chient si hinder de Ma hindere verberge.
D'Hebann ist au nid gschuld, das De gsto´rbe=n ist. (Von betagten Leuten.)
Er mueß Herd ha. Er gaht ge Grund träge. Jez chunnt er emol gwüß gnueg Grund über.
Er gaht be ringst Gang.
Si hen ne in Herd gleit — z'Chile tho — undere tho.

IV.

Lehren und Urtheile

der Erfahrung und des Uebereinkommens.

1. In Haus und Sitte.

D'Liebi bringt bur b'Händsche bure.

D'Liebi mueß zangget ha und wenn si enangere mit Schitere würf.

Vo der Liebi hät me nit gässe.

Es git keis nütnützigers Volch als s'Mannevolch und s'Wiibervolch.

Es ist kei Ma, er het e Wolfszah; es ist e kei Frau, si het ne au.

D'Manne hei alli es Schit im Rügge, wenn's nit brönnt, so mottet's.

Hose hilft Hose, und Rock hilft Rock.

En Nar ist wo er goht und stoht wer si vo Schuene und vo Wiibere drucke lot.

Gib dem Bär es Wiib, so gsteit er bald.

s'Jumpferegschirr (Frauenzimmer) macht die ganz Welt irr.

Vil Wiibervolch und e warme Ofe machen em Buur es thürs Läche.

Am ene Wiib und an ere Müli ist aliwil öppis z'verbeßre.

Morgeräge und Wiiberweh sind am nüni nümmemeh.

Drü Ding sind gar selte: Wind und Frost, Blise mit Thauwetter und es Wiib wo wenig redt.

E Gras im Thau, e Roß im Gschirr, e Frauezimmer i be Chleidere sind drü trogenlichi Stuck.

Jüppe und Hose becke mängi Mose.

En übli Jumpfere, wo gern Scheere macht (die Beine sitzend
 ausspercrt).
Es sind nib alles Jumpfere wo Schäppeli träge.
Es Meitli wie gschläcket, e Frau wie e Butze.
E feißes Meitli, e mageri Frau.
E schöni Frau macht no kein guete Huusstand.
Lebigi Hut schreit überlut.
s'Git mängerlei Falle; wer lebig bliibt, schlüft i die
 schlimmst nib.
Wem b'Wiiber übel wend und b'Imme wol, be wird riich.
Me cha b'Jugund nit völlig in am Bockhoru ha — in ar
 Vogulchäbig iisperru.
Die jung Waar mueß öppis tratirt ha.
Wo der Abam der Opfel g'gässe het, isch em s'Bitzgi im Hals
 stecke blibe.
Lebig sii und lebig bliibe, z'Hängert ga und doch nib wiibe.
Buebeläbe nib vergäbe.
Wer um Fürschuebe handlet (mit Dirnen anbindet), dem
 schwiint der Mist i der Grueb.
s'Isch Eine scho e ganze Ma, wen er mit Freude wiibe cha.
Wer nib mit Freude wiibe cha, sött's lieber underwäge la.
Es isch bald gwiibet, aber schwer gwirthschaftet.
Hürothe ist nib ume Chappe tuuschet — isch kei Buuredienst
 — ist e verdeckt Esse.
Wer uf be Hüroth goht, weiß was er will, aber nib was
 es ist.
Wer hürothet und fehlt, ist bald gschämblet und gstrehlt;
 wer hürothet und groth, be het gnueg Huusroth. Wer
 hürothet und fehlt, be ist gstriglet und gstrehlt.
Die erst Hüroth ist en Eh, die ander ist e Weh, und die
 britt nüt meh.
s'Wiibe und s'Boue ist scho mänge groue.
Wit griise thueb b'Händ bschiisse. Wit g'griffe, cister bschiisse.
Wit glängt, isch b'Hang gschängt.

Hûroth über be Mist, so weist wer si ist.
Hûrothe is Bluet thuet sälte guet.
E hölzige Bueb ist es gülbigs Meitschi wärth.
Zweu Wüesti chöne enand o guet gfalle.
Mir lieb mir hübsch, und sottisch sii wie Ofetütsch.
Guet erkennt, wenn Beidi wend.
E schöni Frau ist liecht übercho, aber schwer z'bhalte.
Nib under jedem Hübli steckt es Tübli.
Me cha weder Fraue no Tuech bi Liecht chaufe.
s'Buele ghört nit zun Schuele.
Wen en alti Schûr brennt, sen ist nib guet lösche.
Die greisste Jumpfere het me nit gern.
En alt Wiib wo tanzet, macht vil Staub.
Drümol (sibemol) abgschlage ist erst recht zuegseit (bei Hei=
 rathsbewerbungen).
Uf alt Jüppe setzt me keini neue Blätz.
Die alte Wiber sind be junge Manne Chüechlipfanne.
E Chatz und e Muus, zwee Güggel im e Huus, en alte
 Ma und e jungs Wiib blibet sälte=n ohne Chiib.
Alts und jungs Fleisch sind nib guet bi=n enander.
Lieber en Alti vo tused Wuche as e jungi vo achtzg Johre.
Wer wiibe will, suech i der Chuchi de Brutspiegel.
Der Meert ist s'Wort, und s'Maigji ist der Chorb (Markt
 ist Vorwand, um Mädchen zu sehen).
Wirthstöchter und Müllerross si nit für niedere Poss.
Es Mündschi ohni Bart, e Suppe=n ohni Schmalz.
Die alte Jumpfere bringe b'Ching i der Schooss berher.
Gauggelöhriwasser und Süessholzsaft git alte Jumpfere neui
 Chraft.
En Ring bindt alli Ding. Ist der Finger beringet, so ist
 s'Meitli bedinget.
Wer bim Esse singt, chunnt e böses Wiib über.
Der Mensch chunnt briimal zum Ching: wen er gebore wirb,
 wen er asaht karisire und als steinalte Ma.

Im Summer llit me na der Liebi und im Winter na der Wärmi.

Hochzit macht Hochzit. Es ist e Hochsig nie so chlii, es git au es Brütli derbii.

E truurigi Brut, e fröhlichi Frau.

Bim Werba ond Sterba ond bim Hürotha cha me nöb spara.

Wer si Wiib schlot, macht ere drei Firtig und hät drei Fasttäg.

En Eh ist wie en Tubeschlag: wer dinnen ist, möcht use; und wer dussen ist, möcht ine.

Uf e dünni (sc. Frau) chunnt e dicki.

De Wiibere muess me nid alles uf d'Nase binde.

E bsoffe Wiib en gmeine Liib.

De Wii macht d'Manne zu Böcke und d'Wiiber zu Geiße.

Wolluft het e schöns Gsicht und e bsch. Gsäß.

Wer mit Wiibervolch und Söu z'thue het, chunnt is Gschrei.

Strazelächler, Huushächler.

En Gassebächler (Eckensteher), en Huushächler.

E Sack voll Flöh ist besser hüete as jungi Wiiber.

E Frau ist übel bra, wenn si de Ma nit bschiiße cha.

Wenn d'Wiiber schalked, so het's der Tüfel gseh.

d'Frau verchuff d'Jüppe für e Wii.

Wenn d'Frau d'Wösch hät, so hät de Ma e salzni Frau und e böses Hemb.

Bim ene böse Nochber und ere böse Frau sell me nid säge: Strof mi Gott!

s'Ist ein Nochber dem andere en Brand schuldig.

E Frau wenn si will ist nid z'zahle mit Geld, und wenn si will ist nüt Schlimmers uf der Welt.

Wenn meh Frau=n im Huus sind as Oefe, so ist ke Fride drin.

Schwigeri und Schweie sind chrummi Schalmeie.

Wenn Eine vil Schwäger het, so chan er no Götti werde.

D'nächsti Fründ, die größtu Hind. Fründ wie Hünd, Nochbuure wie Chälber, Vetter wie Chabisbletter.

E Vetter u nid Fründ ist nünt.

De Huusfride ist e täglichs Wolläbe.

E friblechs Habermues im ägne Huus ist besser als Brate im Schänkhuus.

Nu was me erhuuset bringt Ehr, z'Ererbt ist nid wit her.

Wer si uf Erbe spitzt, wird nebe usi glitzt. Wer si uf Erbe tröst, ist zum Bettle gröst. Wer si uf Erbe verlot, chunnt z'früe und z'spot.

s'Huus verlürt nünt.

s'Liit vor jedem Huus e Stei, ist er nid groß, sen ist er chlei.

Bscheert Gott be Haje, se git er au be Wase. Bscheert Gott es Häsli, so git er au e Gräsli.

So lang der Baum blüet, chan er au Frucht träge.

So lang der Chriesibaum blüet, bringt er Frucht.

Die vierzgist Wuche wirb's bezüge was me gspilt het uf ber Glige.

Bete, lehre und gebäre sind die drei schwerste-n Arbeite uf Erde. Drei Arbeite sind schwer: Regiere, gebäre und lehre.

E Frau ohni Chind ist wie e Chue ohni Schälle.

Wer nid Chind hät, weiß nid worum er läbt.

Chindli trage ist nid Hüenerbeinli gnage.

D'Chind sind eim nid am Schibei gwachse.

Nieberes (jedes) Chind bringt si Bündeli Liebi mit uf b'Wält.

s'Stündli bringt s'Chindli.

Chind erzühe ist au gwerchet.

Nu eis Chind ist en Schräcke.

Eis Chind ist wie keis, u zweu wie eis, brü nes Paar, u vieri e Schaar. Ei Chind kei Chind, zwei Chind Spielchind, brü Chind vil Chind. Zweu Chind es Päärli, brü Chind es Schäärli, vier Chind e Stube voll.

Was sich zweielet, das brittelet si.

Vil Chind viel Vaterunser.

Was hilft huuse? Churzi Roß u längi Rind, e rüchi Frau u weni Chind.

Drei Sache sind im Huus uglägе: be Rauch, e böses Wiib und be Räge; die viert bruckt ein vor allne us: vil Chind und doch kei Brod im Huus.

Lüs und Chind grothe=n alli Johr.

Alli Johr e Chäs git nid vil Chäs, aber alli Johr es Ching git gii vil Ching.

Die meiste Chinder händ b'Chübelmacher und b'Besebinder.

Den Arme sterbe b'Geiße und be Riiche b'Ching.

Riicher Lüte Töchter und armer Lüte Chäs werde nid alt.

E Chind und e Hue mögend vornezue. Es Chind, es Huen und en Hund möged alli Stund (so. essen).

Es Chinderhändli und en Söutrog mueß immer voll sii.

E Chingerhang isch bald gfüllt.

Chliini Ding freue b'Ching.

Chliini Ching chliis Leib, großi Ching großes Leib: si si chli, so trampe si eim uf b'Füeß; si si groß, so trampe si eim uf bs Härz.

D'Eltere esseb öppebie Holzöpfel wo be Chinbe b'Zäh berou stumpf wöreb.

Wenn b'Chind zahneb, so söttib b'Wiiber b'Underröck ver= chaufe, baß z'ene chientib Wii gä.

E Geiß und es Ching chranket und gsunget ring.

Es ist e Mueter no sen arm, so git si ihrem Chindli warm.

Wenn in ere Mueter s'erst Chind stirbt, so soll si b'Stube größer mache lo — so soll si b'Tischbrucke größer mache lo — so soll si no groß Suppeschüßle zweg mache.

s'Isch wohr und au nid minger: wie b'Eltere so die Chinger.

En unprüglete Bueb ist en ungsalzni Suppe.

De Tüfel het alles welle sii nume nid Bueb: wil's alimil heißt: gang Bueb, lauf Bueb, be Bueb het's gmacht.

Buebe wo mäjeb und Meitli wo näjeb gänb die wackerste Lüt.

Us bschißne Chinde wöred au Lüt.
s'Chind wo=n uf b'Gaß goht, seit wie's im Huus stoht.
Chind und Nare und Ruschmanne säged b'Woret.
D'Chinde singed, es git Räge.
s'Vaters Täsche thüend Mänge wäsche.
Es mueß i jeder Hushaltig e Sou ha.
D'Töchtere sind e fahrigi Hab.
D'Eltere erzüheb b'Chind und b'Nochbere verhürothet's.
Eiguns Bluet geit nid z'Wasser (Geschwister verläugnen sich nicht).
Die nünt Hut ghört au no zur Zibele.
Stiefmueter ober Stiesätti, as si der Tüfel hätti. Wer e Stiefmueter het, het au e Stiefvater. E Stiefmueter macht au e Stiefvater.
Wenn de Tüfel en Vogt hett, so chäm er um b'Hell.
„Du liebi Rueth, wie thuest du mir so guet!"
Me schlaht ehner zwee Tüfel ine gäb eine use.
Nun ist nie riicher als bim Fürherroben (Ausziehen. Wallis).
Drü mol zoge ist eimol abbrännt.

2. In Stand und Beruf.

Es lüt und schlot be Herre=n in Roth, be Buure=n is Choth, be Buebe=n i d'Schuel, be Meitlene uf be Spinnstuel.
Wenn b'Soldate siebe und brote, und die Geistliche zu welt= liche Dinge rothe, und b'Buebe füere s'Regiment, so nimmt's z'letscht e schlechts End.
Wenn de Stier b'Chrone treit, so hend b'Chälber Würdigkeit.
Es ist kei Aemtli, es het au e Schlämpli.
Kei Aemtli ist se chli, es ist hänkes wärth (nachhängens).
Sechs Handwerker, sibe Schäde. Drizeh Hamperch, vierzeh Unglück.
Wenn b'Buure herre und b'Herre buure, so git's Lumpe.
Am Rathsuter sugunt vieli Chalber.

Me soll vor ere feiße Suu ehnder der Huet abzieh as vor me Rothsherr.

Wen e Chue nib will suufe, so mues me si nume in Gmeinbroth thue, si lehrt's be scho.

Aehrinfleser was bringeb er hei? Leeri Seckli und müebi Bei.

En Avikat frißt es Roß vor em Morgenässe.

En Avikat füert All mit dem glliche Recäpt ab.

Was en Avikat thuet, das schämt si der Tüfel nu z'bänke.

Der Amtme verdammt me.

E Sou und en Amme bhalteb eister de Name.

Der Buur im Choth erhalt was rit und goht — was goht und stoht.

Der Buur ghört hinder be Pflueg.

Der Buur ist nie arm.

D'Buure sind allwäg is zuekünftig Johr riich.

Mühliwarm und ofewarm (bäckewarm) macht die riiche Buure arm.

Engi Chuchi witi Spiicher macht die chliine Buure riicher.

Wenn de Pflueg still stoht, so stoht Alles still.

D'Buure juchze=n erst wenn si hei göhnd.

Es ist besser mit de Buure=n umgoh, wenn si briegge als wenn sie juchze.

De Buure ist guet predige.

Wenn be Buur bsoffe=n ist, laufe b'Roß am beste.

E Buur und e Pfarer müsseb meh as en Buur elei.

Wenn be Buur uufsitzt, so ritet er.

D'Buure luure so lang si buure. Buure sind Luure und Schelme vo Nature.

We me ne Buur bittet, so wird em der Buuch groß.

Wenn e Buurebueb nib will Buurelümmel heiße, sell me ne nib i Roth thue und e nib so Lütenant werde.

Oich bi Buure heint e stuchindi Aemtlisucht.

D'Buure si üsi Muure (alt Bern).

Bhüet is Gott vor Miftgable: die macheb brü Löcher.
E Buur und e Stier isch s'gliich Thier.
Drü Ding bringet be Buur um's Aeckerli: Thee, Kaffee
und Läckerli.
Der Beck chauft um en Chrüzer Tag und macht en vier=
bätzige Lab.
En Bättler verireb nib.
Es wird bem Bättler nie gnueg.
s'Isch ein e schlächte Bättler, wen er nit verma es Huus
z'überhupfe.
Au der misrabligst Bättler cha e Huus miibe.
Wer nid uverschant ist, git kein guete Bättler.
We be Bättler nib zum Bündel luegt, so chunnt er drum.
Wenn be Bättler zum Herre wirb, so ritet er vil stercher
as en Herr. s'Isch keis Mässer, bas scherpfer schirt,
als wenn e Bättler 'zum Herre wirb. Me mueß nib
be Bättler uf be Herr setze.
D'Bättler schlönd enand hüt nib um e Schatte.
Enser Läbtig händ b'Bättler Lüs und b'Hünd Flöh.
Wenn e Singer umgheit, so stoht e Bättler uuf.
Früeräge und Bättellüt bliibe nib bis s'Mittag lüt.
s'Bättle macht nüb arm, aber uwärb.
E guete Bättler verbirbt nib, aber er wird uwerth.
s'Isch Ei Tüfel gäb Bättle oder Brob heusche.
Bettlun und Brob heischun sind einerlei.
Bürstema häb Hoor am Zah.
En neue Dokter, en neue Tobtegräber.
Er ist en Dokter be Gsunde, helf Gott be Chrankne.
Er ist en Dokter trotz bem Micheli vo Lengnau.
Er ist en Dokter wie en Dreck e Brotwurst.
En Dokter mueß en Ableraug und e Frauehand ha.
Er redt wie en Dokter.
En Dröscher, en Wöscher und en Hund mögeb alli Stund
(sc. essen).

Pfannechueche müend be Bobe sueche. (Tüchtige Drescher wollen gut genährt sein.)

D'Herre büße-n enand nib. Wenn b'Herre emol mitenand Suppe g'gässe hand, so sind's allzsäme glich.

Es Herremägli thuet es Viertel meh as auderi.

Nütz (nichts) ist er: en Herr ist er.

Ds Heerli heb niemal gnuog.

Stadtbürger Buurewürger.

Rubigs pubigs Burumätteli wie vil Eier um a Batzo? „Gnädigi Frau us der Stadt lecket mi glatt sibni um a Batzo."

E Jäger und e Hung het mänge vergäbne Sprung.

We me be Chnächt binget, isch es besser, er blätzi b'Hose vornoche als hingernoche.

Me soll kei Chnächt vor em Fürobe lobe.

Ugrächt bzieht der Chnächt (der Knecht hat für den Herrn zu büßen).

Mit den Köchinne soll man kein Mitleiben han.

Die Pfaffenchöchine soll man unter die Treechun (Heerd) bigrabun.

Muurer und Zimmerlüt hend Summer und Winter nüt.

Zimmerma und Muurer sind alli zsäme Luurer.

Zimmerlüt und Muurer sind die fülste Luurer: si esseb, messeb, bsinneb si, so goht en halbe Tag verbi.

Bhüet is Gott vor thürer Zit, vor Muurer und vor Zimmerlüt.

Au en Timberma?

Handlanger Haublamper.

Metzger, Gerber und Schinder sind z'säme Gschwüsterti= Chinder.

Der Fisch ghört is Wasser, der Mönch is Chloster.

D'Müller und b'Becke stäleb nib: me bringt ne's.

D'Müller, Schniber und Wäber wöred nib ghänkt: s'Han= berch gieng sust uus.

s'Ist niemer frecher as s'Müllers Hemp: da nimmt alli
Morge en Dieb am Chrage.
D'Schölme sind nid alli Müller, aber b'Müller alli Schölme.
Gib du Pfarer, so häst die ganz Wuche Sunntig.
De Heiri sieht nid wohl und hört nid wol und cha nid
rächt rede: drum mueß er en Pfarer werde.
Wenn en Pfarer Hoßig het, so het der Tüfel Fasnecht.
Der Priester ist nie sen alt, de Winter nie se chalt, das er
si nid brüber bschwert, so lang daß s'Opfer währt.
Wer süß nid cha grab si lo, wird mit de Pfaffe übel bsto.
Wenn be Pfaff nid mag, ist der Mesmer wol so frech.
Laß b'Pfaffe und b'Begine, hilf du be Diine.
Jungfrau-Schöni und Pfaffen-Uebermuth ist nienezue guet.
s'Pfaffe Chöchi seit zerst: s'Herre Chuchi, dänn euseri Chuchi,
zletscht mi Chuchi.
Es ist ungwüß wie s'Pfaffe Säligkeit.
Trau keim Wolf uf witer Heid, keim Pfaff bi sinem Eid,
keim Jud bi sim Gwisse, sust bist vou alle bschisse.
Warschmelzer. Hostiebigger. Mäßbuechstabierer. Jägermeß.
Hubler. Springer. Brevierlismer, Brevierbischmer,
Breviersurra, Brevierschmatzer. Latiinschmatzer.
Wir het e tolle u scharmante Pfarherr, aber wenn er schiß
noch länger blibt, so si wer alli zsemmu bs' Tiifolsch.
(= Er ist zu nachsichtig.)
Er het e Heereläbtig.
Churzi Predigt, langi Brootwürst.
Churzi Rede und langi Brootwürst, so henb's b'Lüt gern.
Es ist nütz das gueb för's Zahweh as e Bröckli Holz von
ere Chanzle, of der no nie gloge worde=n ist.
Under Nußbäume und im Chlosterschatte chunnt kei guet
Chrut uuf.
Wer thuet so vil as er cha, thuet so vil as der Pabst z'Rom.
Also häb Gott die Wält gliebt und be Pfaff si Chöchi —
und be Pfaff de Huusknecht und be heb gheiße Marie.

Vollsuufere und die Geistlichu und Jesuiter heind kei Bobo.

Der Pfaffusack ist telffe. (Wallis.)

Der Prattigmacher macht d'Prattig, der Herrget s'Wätter.

Gnueg Holz und gueti Aesche hilft fuule Wäschere wäsche.

Es ist kein Wirth, er schirt.

3. Im bürgerlichen Leben.

Zunächst bim Bluet, zunächst bim Guet.

So vil Mund, so vil Pfund.

s'Erbrecht ist e Schlebrecht.

Bedingt Recht bricht Landrecht.

Was s'Wasser wändt, ist ubschändt. Was s'Wasser schwämmt und der Wind wändt, ist nid gschändt.

Züge lüge.

Ein Ma kein Ma.

Thal und gma ist ura (unrein. Schaffhausen).

Gsammtguet verdammt Guet.

Der Gschreitt mueß zieh oder flieh. (Der Inhaber einer verpfändeten Sache hat entweder sein Eigenthum den Gläubigern zu überlassen oder die darauf haftende Schuld zu bezahlen. *)

Dingwerch ist Schingwerch.

Wer nid goht i Gricht und Roth, de weiß nid wie wohl daß um ihn stoht.

En rächte=n Eid ist Gott leid, und b'Nacht ist betrogelig.

Wliberguet darf weder schwiine no wachse.

D'Frau ist über es Bießli Meister.

Bluet isch nid Wasser.

Es Johr ist a kei Stube bunge (dauert nicht ewig. Bei einem Vertrag).

---

*) S. Bluntschli Staatsrecht der Stadt und Landschaft Zürich 2, 284.

d'Rüſchigg (Reukäufe) geltib au.
Schigge und Marte het kei Fründſchaft.
Im Wenter ſönd d'Recht zwüſcheb Himel onb Erbe off.
(Fahrfreiheit.)
Uf b'Witi iſt guet thäbige.
Der Erſt butzt b'March.
En lebige Llib iſt Gälbswärth.
Chäuf und Läuf göh verſchibe.
E Chauf und en Ohrfilge göh unberſchiblig.
Dings gſpielt baar zahlt.
s'Luter Rächt brucht kei Awalt.
s'Rächt het kei Egge.
s'Git breierlei Rächt: Rächt, Urächt, und wie me's macht
iſt au e Rächt.
Wer b'Sach a ber Hang het, verchauft.
D'Woret iſt nib gſchägget.

4. Allgemeines und Vermiſchtes.

a. Erfahrung.

Reimſprüche.

Heime mil, was chönnt beſſer ſii?
Gott ſchlot nib liecht e Ma, er ſtricht em au e Sälbli a.
Groß gſchraue, glii verroue.
Schrit i wit, ſo chum i balb; leb i lang, ſo wird i alt.
D'Chappe=n i b'Haub und s'Gott grüez bi parat git offeni
Ohre und guete Rath.
Morgegſang macht be Tag lang.
Bſcheidbill iſt weibill.
Us em Bächli wirb en Bach, us em Sächli wirb e Sach.
No em Brichte thuet me richte.

Hitz ist kei Witz.
Jede möcht für sis Häsli gern es Gräsli.
Fleisch macht wider Fleisch, Fisch macht nisch.
Wer jaget der haget.
E rächte Chrumm ist nid um.
En gueta=n Omm ist nid z'chrumm.
Keiheit (Mißvergnügen) ist ke Freiheit.
Gsellig ist sälig.
Säg mer mit wem du lachest, denn wil der säge mit wem du brachest. (Schaffhausen.)
D'Längi macht b'Strängi.
Hetze und Jage macht en leere Mage.
Jage und Hetze thuet b'Herze=n ergetze.
Wer si nit cha schicke, het au nit z'bicke.
Wer nit geit us der Aeschu, bechunnt nüt in b'Täschu. (In der Frembe soll man was lernen.)
Wer um as Wort nid thuet wie um a Schlag, der erlebt kein gutun Tag.
Wer am Goul de Wille lot, de wirst er is Choth.
Wer länger schloft as sibe Stund, verschloft si Läbe wie ne Hund.
Früe is Bett und spot uf ist alle fuule Lüte Bruuch.
Je heiliger b'Zit, je heilloser b'Lüt.
Je gröber de Spoh, je besser de Loh.
Je witer s'Märli flügt, je mächtiger daß s'lügt.
b'Welt bliibt Welt und riißt si um's Geld.
D'Bueß ghört uf b'Sünd wie b'Luus uf de Grind.
So isch i der Wält e Sach: der Eint hät Glück, der Ander Ungmach. So isch i der Wält: der Eint hät de Seckel und der Ander s'Gält.
Mit Briegga und Chlaga verderbt me dr Maga.
Was der Bock an em sälber weiß, trout er der Geiß.
b'Roß fräffeb e Ma, wo nid mit umgoh cha.
En g'öpfilete Ma und es Straurind sind beedi glüch gschwind.

Chüe mache Müe. Hett me b'Chüe nib, so hett me b'Müe nib.
Chalbfleisch ist Halbfleisch.
Mit gloffe mit gsoffe, mit gstole mit ghänkt. Mit pfloge mit ghange.
Troche Brot macht b'Bagge roth.
Chäs und Brod sind guet für b'Nod — sind besser as be bitter Tod.
Mit Wasser und Brod chunnt me dur alli Nod.
Bi Wasser und Brod wird me nib tod.
Ohni Wii und Brod ist b'Liebi tod.
Schrieget isch nib gwieget.
Gsetzt isch nib gsäit und gschnitte=n isch nib gmäit.
Vier Diebe sind in und usser dem Huus: e Chatz, e Loch im Sack, en Rab nnd e Mus.
Was b'Händ nib nänd, gänd Wänd.
Wer b'Pfenig nib ghalt und b'Schwäbel nit spalt und b'Beckeli nib usestricht, wird siner Läbetag nib riich.
J be Huble erzieht me Puble.
Früe gsattlet spot gritte ist Städter Sitte.
Hüt vol, morn hol.
En grosse Brüemer en chline Thüener.
Vil Muuls, wenig Herz.
Witzig und verständig Lüt wüsseb was die Büchs bedüt.
Gschliffni Wort und e schlächti Meinig sind hunderttusigbeinig.
Zwüsche Zah und Hand goht vil zschand.
Zwüsche Muul und Suppe vergönd vil Sache.
Zwee Löffel a eim Stil ist doch e chli z'vil.
Der Ischmergliich wird niemals riich.
Der Fulenz und der Lieberli sind beebi gliichi Brüederli.
Der Hansheiri Früegnueg und der Hansheiri Guetgnueg sind zwee Brüeber gsii.
D'Chriest hend b'Stei für Keine=n elei; b'Chriest hend Stil, s'cha's ässe wer will — s'cha's näh wer's will.
Dreitägige Gast ist en Ueberlast.

Drei Tag Fisch und Gast, hebet's au, so stinket's fast.

Der erst Tag en Gast, der zweit en Ueberlast, der britt Tag en Usloht, wenn er nid hei goht.

D'Lumpe si Lüt und us Nare gits nüt.

Je grauer je schlauer.

Sunneblick, Rägetück.

Luteri Schotte vertriibt eim s'Hoppe; aber be Ziger bringt eim's wider.

E schöni Chue und en subere Stal ist das besti Kapital.

Uf en Ei en Trunk, uf en Öpfel en Sprung.

Uf es Dünkli ghört es Trünkli.

Zum Druck en Schluck.

Grüen Holz, warm Brod, und trüebe Wii, do het e Huus kei Schick derbi. Alt Brod, alt Mehl, alt Holz, alte Wii sind Meister.

Nable i der Täsche, Wasser i der Fläsche, im Winter en Schatthuet ist e grossi Armueth.

Was me z'Abed um Vieri thuet, chunnt eim z'Nacht am Nüni z'guet.

Z'Obbe isch nid früe; wer lang schiebt uuf, het Müe.

Han i g'gässe, so wird i suul; han i nüt, so hänk i s'Muul.

Mit der Gable-n isch en Ehr, mit dem Löffel kriegt me mehr.

En rächte Frässer bruucht kei Mässer.

Ungmässe wird au g'gässe.

Chrut füllt be Buebe b'Hut.

Morgeräge und Nüniweh thüend eim be ganz Tag nüt meh weh.

Morgegnuss (Niesen) macht be ganz Tag Verdruss.

Wer nutzt, der butzt.

Frei bekennt ist halb geschenkt.

Wenn das Wörtli wenn nid wer, so wer mi Vater e Rothsherr.

s'Geld wo stumm ist, macht grab was chrumm ist.

E Nüeli ist über e Brüeli. (Ruhe über Nahrung.)

Liebe=n und Bäte lot si nid nöthe.
D'Nacht, b'Liebi und de Wii gänd verchehrti Gedanke=n ii.
Wüberlist und Wii git mängi Thorheit ii.
Git (Geiz) macht d'Fründ wit.
Chunnt's uf's Disputiere=n a, so git's be Nar bem Dokter a.
In Revolutione bsacket si b'Cujone.
Tusig Duume gänd au e Summe (benkt der Wirth).
Ugsehe macht oft en Asehe.
Niemert ist so bemuetsvoll, we me ne lobt, so thuet's em wol.
Ist der Stei us der Hand, wan er chunnt ist unbekannt.
s'Rastje ist au es Trachtje. (Wallis.)
Es sind der Nase zwo; was die einti nid will, ist die ander
    drüber froh.
Ujuuber git feiß wer's nid weiß.
Nuuch esse git fäßt wer's nüd wäßt.
Besser weder Soldatetod im frömde Land ist Chummerbrod
    im Vaterland.
Z'vil chratze brännt, z'vil schwatze schändt.
E Für, e Wiib und e Spiil sägeb nie: s'ist z'vil.
Haberranze macht d'Buebe z'springe und z'tanze.
s'Ist en wunderliche Strit, wenn ein Esel der ander rit.
Erst Gwinner git en arme Stubechlimmer.
Nid Jede de goht uf's Göu bringt drum au öppis hei.
s'Alter ist en schwere Malter. s'Alter ist be Verstalter.
Mit bem Alter chönd b'Ogstalter.
Es Tuech is Grab, bermit schabab.
Ahnde (täglich) weh, stirbt nit best eh. Eister bärze stirbt
    nit, eister chrache lot nit. Wer geug chrachet, bricht nit;
    wer geug brestet, stirbt nit. Wehliibig Lüt sterbeb nid
    so bald.
Nachdem men eim will, steckt men em be Meje ober be
    Bäsestil.
Z'Lieb ond z'Läd werd eim alls gsäd.
Nüt g'eit, so gseit. Nüt ha, Rueh ha.

Deno deno. (Wie der Fall so der Knall).
Wer nütz gwönnt und nütz verthuet, ist nenazue guet.
Vergebu ist unebu.
Döre ist böre. (Geschehenes läßt sich nicht ändern.)
Der erst Tag gmäß, der zweit Tag gfräß, der britt Tag voll, thuet der ganze Läßi wol.
Dr Wirth zum dürren Ast bättlet s'Brod und git's dem Gast.
Stirbt Eine riich, se isch e groß Liich; stirbt Eine arm, se isch e Liich, daß Gott erbarm.
Guet gfässe ist halb g'gässe.
Nienebrod ist bös Brod.
Kein Tanz, oder der Tüfel heb derbi si Schwanz.
Die Arme helfed alli aß de Riich nid fallt.
Vil Tröpfli git au es Schöpfli.
En falsche Verdacht het Tüfelsmacht.
Dick und rund, dänn häst glii e Pfund (Vortheil der Spinnerinnen).
Schriibe thuet bliibe.
Müüsli mache Müüsli.
Wüest thuet wüest.
Der Loser a der Thör verstohd Als hönderför.
D'Pfuscher ässe s'Brot und d'Möbeler (Arbeiter) liibe Noth.
Ich es Chilbi, so isch es Chilbi.
Vil Händ brecheb Muure=n und Wänd.
s'Todtegwand bricht a der Wand.
s'Spinne mag nüüt bringe, oud Müeßiggoh het gar ke Loh.
Selb tha, selb gha. Selber gmacht, selber gha.
Im Dunkel glänzt Schliholz wie Charfunkel.
Wache thuet mager mache.
Der schlimmst Charre macht s'gröst Knarre.
Wer schwätzt und alles umetreit, bem wird s'Muul vernäit.
s'Git uf der Welt ke besser Ding as Chabischrut und Schwiitnis drin.
Bohnen und Speck, das ist en Schleck.

Alleluja Chalberfleisch, beschi (davon) essund b'Herrn meist
(zur Osterzeit).
's'Erst Müsli darf wider is Hüsli.
D's Mähju und b's Singu ist nit z'erzwingu.
Wie ist der Himel so hoch, wie ist die Untreue so noch.
Chlöpft's nüb, so tätscht's — schreit's nüb, so rätscht's.
Bät und arbeit sind zwo Muure, si lönd weder Mangel
no Armueth dure.
Besser zweimol gmässe as eimol vergässe.
Besser e Halbi gsoffe und vam Wiibervolch eweg gloffe.
Besser glüret als gfüret.
Es isch besser gübe und spare als gäng z'chessle und z'chare.
Es isch besser alles ässe als alles täsche (ausplaudern).
Es isch besser mit Gebulb glitte als mit Ungebulb erstritte.
Mena=n ond nüb wessa heb scho Menga bschessa.

Reimlose Sprichwörter.

's'Chrüz macht Christe.
Gott und gnueg sind binenand.
Der lieb Gott cha b'Sach im Ischzapfe erhalte.
Wenn Gott der Angel rüert, so wird s'Ueberthür erschütt.
Gott git alli Nacht; was er hüt Obed nid git, git er morn
znacht.
We de Herrget nass macht, de macht er au wider troche.
Wenn de Herrget will, se git's Chriesi.
Me chunnt mit meh Müe i b'Hell as i Himel.
Der Glaube bhaltet b'Lüt.
's'Bäted nid All wo b'Händ ufhebe.
Chatzegebät goht nid zum Himel.
Bäte ohni Inbrunst ist Flüge ohni Fäcke. Es Gebät ohni
Inbrunst ist e Chugele ohni Bulver und e Vogel ohni
Fäcke.

Uf vil Firtig chunnt e fuule Werchtig.
Me cha nid vom Mund uuf in Himel fahre.
Me macht kei Schloß für frommi Lüt.
Nidschi helfed alli Heilige, und obschi nu Eine.
Es ist ein Mensch s'andere Gott und s'andere Tüfel.
Wenn der Tüfel Hunger het, so frißt er Mugge.
Der Tüfel het meh as zwölf Apostel.
Wenn der Tüfel alt ist, so wil er Waldbrueder werde.
Zieh vor dem Tüfel be Huet ab, se nimmt er be Huet und b'Hand berzue.
Wer de Tüfel iglade het, mueß em Werch gee.
S'Tüfels Mähl wird zu Chrüsch.
Wenn der Wurf us der Hand ist, so ist er s'Tüfels.
We me uf der Isebahn fahrt, so sitzt me dem Tüfel uf em Rugge.
De Tüfel sch. ke chliine Huufe.
Wer Chrieg prediget, ist s'Tüfels Fäldprediger. Git's Chrieg, so macht der Tüfel b'Höll witer. De Chrieg liibt kei Pröbli. Im Chrieg git's leer Hüt.
Wo Geld ist, ist der Tüfel; wo keis ist, ist er bopplet.
Ungschickt läbt lang.
Fürwitz macht b'Jumpfere thür.
Die Hochmüetige sind be Nare so glich wie b'Ostereier be Pfingsteneiere.
D'Ibilbig halt e Geiß für e Wiib.
En Gizhals hät nid gnueg bis men em's mit Schuufle git.
Huuse-n und hunde si Zweu. Huuse-n ist nid muuse, sust chönnt's e jederi Chatz.
De Giz und de Vergunst steht dem Muul voll Brod dur nüün Muure nach.
Großhans überchunnt e chlini Täsch.
Es wird kein Fraß gebore, aber erzoge.
A zwee Tische wird en Fraß erzoge.
D'Schelme sind au Lüt, aber nid all Lüt Schelme.

Es fi Schelme wie groß Manne.
Es ist nid guet ftäle, wenn be Wirth fälber en Schölm ist.
Fuul Lüt henb all Firtig.
s'Goht Fuulem nie übel.
En unluftige Arbeiter thuet nie guet tagwe.
En bftändige Lächler ist underem Brufttuech nid fuuber.
Wer uverschant ist, lebt beft baß.
Baß zerft Ruuchbrot effe und nachhär bswiiße.
Es ist wäger s'Hemb verliere als b'Chleiber.
Es ist beffer e Schnägg im Glöch as gar teis Fleisch. Es
  ist beffer e Luus im Chrut as gar tei Späck.
Es ist beffer en Ruusch as e Burbi Strau. En rächte
  Ruusch isch beffer as e Fieber.
Es ist beffer hoffährtig laufe as gmein fahre. Beffer eländ
  gchärlet weber hoffärtig treit.
Es ist beffer e Schoppe zvil zahlt as eine zvil trunke.
Es ist beffer en guete Blutzger as en falsche Thaler — en
  gschwinde Chrüzer as en langfame Halbbatze — en
  gschwinde Batze as e gmachs Bießli.
Es ist beffer en Arvel Mißgunft as es Hämpveli Mitliibe
  — e Hampvle Gunft as e Chratte voll Grechtigkeit.
Es ist beffer en ehrliche Bletz as e schaublich Loch.
Es ist beffer e Schäbli als e Schabe.
Me vermacht ringer e Löchli as e Loch.
Lieber e Büle weber e Loch.
Es ist beffer ber Hagel schlat is Fälb as i b'Chuchi.
Es ist beffer ge und graue as gha und graue — groue ga
  als groue bha.
s'Wer mängsmol beffer me wor uf's Muul fitze as uf s'H.
Sälber bänke ist beffer wan nachi fäge.
Drümol tränkt ist beffer as eimol schlächt ghirtet.
Afoh ist guet, aber höre no beffer.
Es ist beffer e theilts Mahl as e gfehlts Mahl.
En guete Kamerab z'Fueß ist beffer as en holterige Wage.

s'Ischt besser me gang zum Schmid as zum Schmidli.

Es isch nüt besser as öppis Guets.

Wen es Paar binenangere si, mueß Eine be Chratte träge.

Wenn be Guggu schreit, so het er en Brote.

We me b'Suu chützlet, so leit si si in Dräck.

Wenn's nid will, sa taget's nid und we me=n alli Läbe ufthuet.

Wenn der Stock nid brennt, so mottet er.

Wen be Chopf aweg ist, so heb s'Föblech Rueb.

Wenn's nüd cheid, so chlepft's.

Wen Eine müed ist, so rujet er z'letscht uf em Soumist uus.

Wenn e Geiß stoße will, so mueß si Hörner ha.

Wenn Alles zfriede=n ist, ist niemer höhn.

Wen eim der Löffel nid chümle ist, so cha mu zvil esse.

Wenn b'Chue busse=n ist, so thuet me b'Thür zue.

We me b'Wäspi stupft, so surre si.

We me=n eim der Chopf abghaue het, so bruucht me=n em ne nid meh ufzsetze.

Wen Eine b'Hose nide het, gäb e Fauz meh oder weniger. (Auf ein Unglück kommt nichts an.)

Wenn's nid im Holz ist, so git's kei Pfiife.

We me be Lei nid beeret, so wird kei Chrueg druus. (Schaff=hausen.)

Wenn die Alte Nare si, so si die Junge nid gschlib.

Wenn's dem Füli wohl ist, so gumpet's.

We me=n e böse Hund treit und stellt ne=n ab, so bißt er eim i b'Wade.

Wenn Zwei mit enangere procediere, goht eis im Hemli und s'Angere blutt.

Wenn Dräck zu Mist wird, wil er gfahre si.

Wenn Dräck zu Pfeffer wird, bißt er am sterkste.

Wenn b'Maaß (Flasche) voll ist, so überlauft si.

Wenn be Baum verdorre will, so foht's bi be Würze=n a.

Wen e Fueder umfalle sell, sen isch es no Zit gnueg under em Tännsthor.

Wenn's eim nib wott, so wott's em nib.
Wenn Eine gänet, so gänet der Anber au.
We me blanget, so währt's lang.
Wen öppis mugget, so het's Läbe.
Wen e Gäß wol stoht, so stampfet si.
We me be Mäuber strichlet, so streckt er be Schwanz.
Wenn b'Sou gnueg het, gheit si ber Chübel um.
Wenn e Sou gwohnt ist z'nuole, so isch's ere nib liecht abzthue.
We me nit ist wie anber Lüt, so geit's eim nit wie anber Litu.
Wenn e Ballu Aiche (Butter) bur vill Händ broit, so bliibt zletzt nit vil meh bra.
Wen Eine het was er will, so frißt er was er mag.
Wen Eine bim Chübel nib riich wirb, so wirb er bi ber Gelte nib riich.
We bie Große groß thue, so werbe si chlii.
Wenn b'Finkli Chrüzerli singib, bänn isch's richtig.
We me emol en Ae (Ei) gno heb, cha ma nomma höra stehla.
Wenn b'Chatz tauft ist, will en Njebere Götti sii.
Wenn Liebers chunnt, mueß Leibers wiiche.
Wenn me lang grobs Brod ißt, so wirb men alt.
We me über ne Berg gab, isch baß es Stickeli Brod im Sack as e Maie uf em Hüet.
We me alle Lüte wett b'Müler verschoppe, müeßt me vil Bappe ha.
Wer bur b'Finger luegt, bruucht kei Brülle.
Wer mächtig ist, bliibt ugmesse.
Wer grab lauft, het au e grabe Weg.
Wer nünt erliibe mag, mueß am meeste liibe.
Wer vil gästlet, het balb uusg'gässe.
Wer an Galge ghört, versuuft nib.
Wer uf alli Chilbene goht, überchunnt fule=n Ablaß.
Wer mit Eulevögla flügt, wirb mit Eula gfanga.
Wer mit Buebe ischiffet, muß au mit Buebe uusschiffe.

Wer b'Waar verschaagget, het Luft berzue.
Wer begährt z'tuusche, begährt z'bschüße.
Wer bas mag, der thuet bas — der füret nit.
Wer gege de Wind brunzt, macht nassi Hose.
Wer z'vil will han, dem z'lützel werde.
Wer gern fröglet, schwätzt au gern.
Wer unglabne Gast ist, ist nit gstuelet.
Wer s'Brot nid ebe schniidt, wird nid riich.
Wer züglet, de veret (verliert. Schaffhausen).
Wer e Gaeß agnoh het, mueß si hüete.
Wer nu ei Glogge ghört, ghört nu ei Ton.
Wer nüt thuet, be lismet. Wer fulenzt, be chorbet.
Wer unger der Chrupf gebore=n isch, chunnt nid i Bahre.
 Wer zum Esel gebore=n ist, chunnt nid uf s'Roß.
 Wenn Eine zum Frack gebore=n isch, so überchunnt er
 kei Anglees.
Wem bs Glück will, dem chalberet der Zügstuel — der
 Melkstuel — der Holzschlegel uf der Rueßbili. Wenn's
 Eim glücke mueß, dem mueß der Heustock (der Blei=
 stock — b'Laterne) chalbere.
Wer b'Geisle het, de chlöpft.
Wer am Morge s'Bett nid macht, be wird der ganz Tag
 nid grä.
Wer nütz zum Esse=n isch, isch nütz zum Werche.
Wer s'hät und vermag, chan e Chue ha. Wer's het und
 vermag, be het en Hund. Wer's vermag, het en Hund;
 und wer's nid vermag, cha sälber bälle. Wer Gälb
 hät, hät en Hund.
Wer vil etlehnt, vergißt si de mängist umhi z'geen. Ebbis
 Etlehnts zerhlib eim gern.
Wer's nie bös macht, be macht's nie guet.
Wer nüt seit, het glii gmeint.
Wem e Dräck uf b'Nase ghört, dem fallt er nid uf b'Schue.
Wer graset, be heuet nid.

Wer Eier will, mueß d'Hüener lo gagge.
Wer bi alle Döktere boktere will, mueß alliwill chrank sii.
Wer git, mueß auch nehn.
Andrer Lüte Chüje hend allewiil e größer Uter.
Chüe wo vil brüeleb, verbrüeleb b'Milch.
D'Roß stalleb gern wo's vorher naß ist.
s'Stirbt kei Suu am usubere Trog.
Je älter de Bock, desto herter sind b'Horn.
Was de Vögle ghört, chöme b'Fisch nid über.
Me cha be Hünbe s'Bälle nid verbüte.
s'Verstoht nid e Njedere e Chatz guet ungerzbringe.
D'Chatz ist der best Huusroth.
D'Chatz ißt gern Fisch, aber si netzt nid gern b'Füeß —
    aber si will nit is Wasser.
D'Chatz ist gern wo me si streichlet.
Niemer will gern der Chatz Schelle-n ahänke.
Was nützt e schöns Huen, wenn's keini Eier leit.
En alti Nenne (Kuh, Pferd) hilft huuse.
s'Rind springt in e Chrieshuuse.
Wo's Bruuch ist, leit me b'Chue is Bett.
Wer be Hüenere b'Eier im Hindere zellt, geit leer uus.
Me cha us eme Ochs (Rapp) e kei Zilsli mache.
En Esel grobet im Mueterlib, e Norr und en Narr gär nöb.
Guets Gänsli, bösi Gans.
Was zwänzg Johr e Chälbli ist, geb ke Chue meh.
E Chatz mit Händsche fett kei Müs.
Der Chatz ist der Chäs befohle.
Der triwest Eschel hät schi Meister erschlagu.
s'Git meh Chalberhüt als Chüehüt i der Gerwi. s'Werbe
    meh Chalber i b'School gfüert as Chüe.
Es ist no kei Chatz ab em Mo abe cho.
Mu seit e keir Chue Blösch ol si heig öppis Wlißes.
Chliini Beji stächen au.
Chlii Müs hend au Ohre.

Fünf Söu genb au nün Site und e Zane (Zeine) mit Würst derzue.

Je schlimmer b'Sou, besto besser b'Eichle. Der fülste Suu die beste Eichle. Die fülst Suu überchunnt be gröst Dräck.

D'Sou sticht be Chüng.

Wo gnueg ist, darf e Sou gübe.

Wer nid glehrt het, mueß Söu hüete.

Die alte Chüe schleckid au gern Salz.

Alt Lüt und alt Chüe si eister verachtet.

Wo sich der Esel wälzt, mueß er b'Hut la.

Es erstickt kei Muus unber em Heustock.

Chliini Müsli hend chliini Schwänzli.

Es cha kei Geiß elei stoße.

s'Goht nid ztod bis me b'Sou metzget.

Me rupft die Gans wo Fädere het.

E guete Güggel isch nit feiß.

E schüche Hung ist nit feiß.

Mit Gwalt cha me=n e Geiß hingen ume lüpfe.

s'Graue schlot der Grische no (der alten Kuh).

D'Geiß suecht s'Messer.

Was hilft's, wenn b'Chue vil Milch git, wenn si be Chübel wider umstoßt?

Es überlauft e Chue en Has.

Das Veh ist guet, nume frißt's keini Ofethürli.

Vil chliini Vögeli genb au en große Brote.

Glitschig Vögel striichib gern mitenand.

Worin der Wolf gehutet, darin ghaaret er.

Der Wolf het no kein Winter gfresse.

Wo Hünd sind, da wird b'bisse.

De Stier hebt me bin Hörnere, de Ma bin Worte und s'Wiib bi der Jüppe.

Die großen Hund heint b'Nasa zsemu.

Vergebu hät der Hund nit der Schwanz uuf.

Afen e Gitzi git mit der Zit e Geiß.
Es ist nit guet vo de Chatze bs Schmeer chöufe, wil schi's
   selber fressund.
Söuhäfeli, Söudeckeli.
Es sind eister Hüendli und Eili.
Der Muni ist guet ablo, aber bös abinde.
E Fuchs nimmt d'Hüener i siner Nochberschaft nid.
De Fisch will drümol schwümme: im Wasser, im Anke,
   im Wii.
En fuule Vogel, e fuuls Gsang.
Wo Niß sind, het's Lüs.
Es ist e le Spiel, es ist e Sau drin.
s'Jsch nüt we me=n e Hung mueß uf b'Jagd träge.
Zarti Vögeli hend zarti Schnäbeli.
D'Roß schlönd enand nu bim leere Bahre.
Es git meh as ein roatha Hunn. (St. Gallen.)
Wo Mönsche sind, da mönschelet's.
De Mensch ist schab ab.
s'Chrut chrütelet, der Chabis chäbislet.
Der Eint liebet de Strähl, der Ander was druff lauft.
Wegem e Stäcke lot me kei Hag abgoh.
Wege=n einer Tanne haßt me kein Wald.
Was nit Schiter git, git Stöck.
Es fallt kei Süeßöpfel vom e Suuröpfelbaum.
Fünf Elle gend e Paar Händsche, wenn de Schnider ken
   Schölm ist.
Choth und Unfloth hanget gern zsäme.
Acher an Acher, Huet an Stab.
Am en alte Chefsi ist nüt meh z'blätze.
Drei Erbse gend au e Chost.
s'Gaht kei Eiß uuf ober si sig rif.
b'Erdbeeri helfe em Riter uf's Pferd und dem Wiibervolch
   is Grab. (Dasselbe vom Pfeffer.)
Der Erst uf der Müli schütt uuf.

De Buuch frogt nib wie vill's gschlage het.
Me stellt be Bese überst vo wäge be Häre.
Es isch si nib der werth wägem e Laibli Brob der Ofe z'heize.
Me cha de Löffel liecht us der Hand gee we me gnueg g'gässe hät.
Ungwachsi Gras cha me nib mähe.
Gelb ist e rari Waar.
s'Ist em Gelb gliich wer's heig.
Wie vil Chriesi, so vil Stei.
Hättisch keini Chriesi g'gässe, hättisch keini Stei im Buuch.
Wie de Kram so b'Chräze.
D'Stüel ghöred under de Bank.
Hinder em Ofe ist au in der Stube, aber nib i der Mitti.
s'Streipfed alli Häg öppis ab.
En Schueloser (Schulsack) ist bald gleert.
Wo's eben ist, ist guet Charrer z'sii.
Vorg'gässe Brod macht fuuli Werchlüt — bschützt nit.
Au ander Lüte Chinde und a fröude Hünde het me s'Brod verlore.
Es liit Eine niene besser as i siim Bett.
Es ist am Schiebe gläge, we me will en Haspel ässe.
Eichis Holz git guet Galgenegel.
Mach e Fuust, wenn b' kei Hang hest.
E leere Sack stoht nib uufrecht.
Der ugrecht Chrüzer frißt zehe grecht.
Die chrumme Fueder gä die große Heustöck.
E Räche mueß e Gable ha.
E Sparer mueß e Güber ha.
Me cha kei Pfanntätsch mache ohni daß me mueß Eier breche.
So lang me um b'Schür lauft, mueß me nib trösche.
Goht dem Faß der Bobe=n uus, dann isch es mit dem Schmaus vorbii.
Feld und Hag hend au Ohre. s'Händ alli Tanne Ohre.
Es gönd vil Rede in e fueberig Faß.
Ueber früsches Fleisch macht me kei gäle Pfeffer.

A Beinere ist guet Fleisch gnage.
S'Jsch nib grab en Ofe gsch.. und Bänk drum ume.
D'Winterschöpe gänd eim wärmer im Summer.
Allerlei Dreck anknet si nib.
Dräck löscht au Für.
Bschisses Wasser löscht au be Durst.
Gstole Brod gschmöckt au wohl.
Ung'gunne Brod wird au g'gässe.
Me het scho mänge Sack verbunde, er ist nib voll glii.
E jede Acherma macht au emol e Struuchrei.
De Zünder goht voruus.
Nachdem der Gast ist, richt me=n a.
Von allem Gartezüg ist e guete Haine s'best (Kniebug).
Me cha bi=n ere Gufe ställe lehre.
E guell Rölli ist b'Mueter vo der Müli (Rellmühle).
Es ist e keis Herahuus wo nib z'Grund geit.
S'Kafi muess e chli gschüttet ha.
De ist Meister, wo de Pflueg is Fäld füert.
S'Jsch nit bloß wägem Hauberibau z'thue, me muess au luege
  gäb s'Mässer b'Geiß erlänge ma.
Grobi Arbeit, grobs Geld.
Groß Möcke, seiß Vögel.
Grobs (grau) Brod macht starch.
Alles Brod ist guet, aber kei Brod ist nib guet.
D'Süberi treit nüt ab.
Recht thue ist über hübsch.
Frei ist ober höbsch.
Recht wüest ist au schön.
Schwarz gebore het s'Wäsche verlore.
Rothi Farb schöni Farb, schwarzi Farb Tüfelsfarb.
Roth Ufloth.
Roth gebore het s'Fegfür scho uf der Welt.
Roths Hoor hend b'Baiersöu.
Si Schnauz isch nib vergäbis roth!

Wenn'd nume roth würdist!
Ein Rothe traut dem andere minger.
Die rothe Lüt hend en Tock meh as ander Lüt.
Rothi Lüt chömed vo Gott ewegg.
Die rothe Lüt hend sibe Hüt, sechsmol meh as anber Lüt.
Die Rothhörige sind eitweders recht guet ober recht schlimm.
Rothi Lütli Tüfelshütli.
Spitznas übli Bas, spitzes Chinn böse Sinn.
E spitz Gnäs, e bös Gräs.
Schnupfbase sind langsam.
Dünni Bei macht hehli Schue.
Churz und dick het kei Gschick.
Kurz getrommelt, tief geholet. *)
Was chlii ist, ist artig.
Chliini Lütli Tüfelshütli.
Chliini Roß blibe lang Füli.
Wenn's uf b'Größi achäm, so würb e Chue en Has erlause.
Wen e Huus sächs Stockwärch hoch ist, so ist s'obers leer.
s'Groß ist allwäg en Ell fuul.
Die chliine Lüt het Gott erschaffe und die große Bängel
    wachsen im Wald.
Alt Lüt gsehnd am beste i b'Witi.
s'Alter ist au e Chranket.
Me sett zerst alt werbe gäb jung.
s'Alter ist unwerth.
Alti Lüt alti Händ.
Die Junge chöne sterbe und die Alte müesse sterbe.
Alt Brod, alt Mehl, alt Holz und alte Wii sind Meister.
Armueth ist en böse Gast im en alte Huus.
Der Arm ist z'hälf der Gott biheim.
D'Norre und Narre sind z'thür wie me's chauft.
D'Nare wachse, me brucht si nid z'bschütte.

---

    *) Kleine Leute können so viel essen als große.

s'Traumt be Nare nüt Gschiids.
s'Ist mit Nare kei Chind z'taufe.
Gschlib Lüt narriered au.
Jede het si Spore, und wer's nid glaubt het zwee.
Es ist scho Mänge mit Verstand über b'Witz use gheit.
s'Ist Keine witzig, das er nid mit alle Viere chient in Dreck gheie.
D'Nare si au Lüt, aber nid wie ander.
Zur rechte Zit e Nar si ist au e Kunst.
Es git meh Nare as Pfundbrötli.
s'Unglück bindt be Lüte b'Chöpf zsäme.
Me vergißt vil Leids i vierezwänzg Stunde.
Das sind die rächte Priise wo=n as Herz gönd (Verweise).
Ühü ist e fuul Jo.
Nei ist e Milchsuppe und en Eselschopf drin gsotte.
Geld ist e gueti Waar: si goht Summer und Winter.
s'Geld werchet am meiste.
s'Geld macht be Markt, nid b'Lüt.
s'Isch em Muul nit z'traue, wenn's emal agfange het.
s'Ist s'ganz Johr guet helfe.
s'Ist kei Zit si chunnt wider.
Fremd ist elend.
Mer chönd nid alli Chorherre sii.
Me cha nid mitenand rede und rite.
En junge Ma cha nünmol z'Grund goh und doch wider zweg chu.
s'End treit be Last.
s'Sterbe=n isch s'Letscht.
Isch es Chilbi so sei's Chilbe, Gilger mach uf!
Wie me spinnt, so tuechet's.
Bling gschosse isch au gfehlt.
Je besser Spieler, je böser Bueb.
Es ist keis Schädli, es ist au es Nützli.
Mit Vilem gübet me, mit Wenigem spart me.

s'Git uf der Welt nit luter Hetteligern.

Der Hettli und der Wetti hend nie nüt gha — hend beed nüt gha — sind Brüeder gsii.

Huuse=n ist nid holde.

Huuse het e wit's Muul.

Was me nit i Hände het, cha me nid hebe.

Die groß Glogge zahlt alli Schulde.

Es ist nüt besser z'ha as Schulde: je weniger me ne z'frässe git, um so größer werde si.

Was übere=n isch, isch däne. Was hingere=n isch, isch gmäit. Was hinten ist, ist gnäit. (Nach hinten kehrt man die schlechte Seite.)

s'Ist guet uufhöre we ma s'Ungschlächt (Unschlitt) g'gässe het.

E gueti Usred ist drei Batze wärth.

Umesust ist de Tod, aber er choft Lüt.

Es ist ghupft was gsprunge.

Je chürzer b'Rächnig, je lenger d'Fründschest.

Was me nid erflüge cha, cha me erhinke.

Was me z'Nacht no be Nüne redt, gilt nüt meh.

Wo Noth ist, ist Usribe.

Probiere macht glustig Lüt.

s'Ist Ein en schlächte Schütz, wen er kei Uusred weiß.

s'Isch sufer wenn's grächet ist.

Der Sorgheber — der Sorgha — ist au b'Stäge=n abgleit.

Der best Rebler (Kletterer) chan o z'Tod gleie.

E guete Schütz zaalet (zielt) nid lang. (Bern.)

Chalt schmide ist verbote.

Mit Fastesplis einzig wird nid gfastet.

Wohl gflohe, wohl gfochte.

Mit Frage lehrt me.

Me fragt öppe, we me scho nid chauft.

Me cha froge, s'ist Dütsch bis is Wälschland.

Wer frei frage darf, denkt wol.

Was Ein flüecht, das wird em.

Butze=n und Fäge git kei Brod is Huus.
A be riiche Lüte wird me nid rübig.
Nütz see ond nütz schina ist gar fitz nütz.
Uf söttige Chilbene git's söttige=n Ablaß.
Ring g'gunne, ring verspilt. Ring berzue, ring dervo.
Me cha b'Natur nid fräffe — nid mit Strau hüete.
D'Natur zieht stärker as sibe Stiere.
En verschrockene Ma ist im Himel verlore.
Was helfet b'Wörthel we me's nid bruucht?
Lätsch mache faht nid Vögel, aber zuezieh.
s'Fahre gärn drü Wätter enangere noh.
D'Welt ist en ewige Heuet: die Eine mache Schöchli, die
　　Andere verzebblet si wider.
s'Ist Niemer ohni „Wär das!"
Alli zwänzg Johr e neui Wält.
Drii und bernäbe het vil Platz.
Mit Drohe wird Niemer gschlage.
Tag und Nacht währt ewig.
E jedes Dräckli findet sis Schitli.
Thür gä ist kei Sünd, aber übel mässe.
s'Het Naßne glii gnueg grägnet.
Wo kei Ornig ist, bo ist kei Zit.
s'Johr het es wit's Muul.
Großes Für löscht chlises.
Wo alli Völli ist, cha me scho huuse.
Gmach rüche thuet guet.
Hänke hät kei Il.
Alli Thierli lebe gern.
Es ist bole was gworfe.
Sunntiggwünn sind Fäbere.
Der Amig (ehemals) ist gstorbe. (Alles hat seine Zeit.)
　　Ei Zit isch nid all Zit.
Wo's eim weh thuet, bo het me si Hand.
Unwachtli (thöricht) thue macht oi bös Glick.

E gueti Sach holt Kapital und Zins.
Was der Copf vergißt, müesse b'Füeß entgelte.
D'Scham hät b'Röthi verlore.
D'Ehrlichkeit ist us der Welt greist und der Krebit ist närrisch worde.
Der Gloube isch glösche u b'Tugeb gelt ge bettle.
Großi Städt, großi Sünde.
Ma säd all vo der Chilbi bis si emol bo ist.
De best Arbeiter hebet am wenigste ane.
s'Gäb Mänge=n es Aug drum, der Anger gsäch nüt.
Der Ebe=n und der Unebe hend mitenand es Brod g'gässe.
Was z'Ehre uusgoht, goht au z'Ehre wider ii.
Wottsch öppis, so darfst öppis und s'Glück ist für den Dürstige. (Schaffhausen.)
S'Ist öppis so glii erbiche als ersprunge.
Es wird Alls g'gässe und Alls gschaffet, aber nid Alls zahlt.
Z'Tod erschrocke ist au gstorbe.
Die gschwinde — die theilte — Möhli sind die beste.
Es ist im e Njedere s'Muul sälber gwachse.
Me verschnäpft si mit nüt meh as mit em Muul.
Me cha nid lüte und umgoh. Me cha nid trösche und Holz spalte. Me cha nid i sibe Häfe choche und de Chriesine hüete.
Ennert dem Bach sind au Lüt.
D'Wält ist kei Strumpf.
Benachter Rath (Rath über Nacht) ist der best.
Lei (Art) findet enand.
Je füler b'Lüt, desto besser Glück.
Grab use=n ist Meister.
Gebuld überwindet Staudechrut — Suurchrut.
Uf en gottlobige Tod chunnt glii en truurige.
Gschenk macht eige.
Uf en Glas Lei und uf en Lug e Muulschelle.
Wo s'Snuse=n en Ehr ist, ist s'Chotze kei Schand.

Haar und Schabe wachſe-n alli Tag.
Was das Haiſili thuet, das thuet auch noch der Hans.
Mit Stürmu (Beſprechen) chunnt ſchich zſäme.
Was nid voll iſt, ſchreit nid.
Es ſind der Tagu vil und der Malu no meh.
Was nützed groß Schue und chlini Füeß?
s'Iſt bald en Schappele gmacht, we me Bluemen het.
Schmids-Chind ſind ſi der Funke gwont.
s'Iſt kein Bom, er iſt zerſt e Rüethli gſi.
A gueter Waar verchauft me ſi nid.
Me het ſi ſe bald verredt as verthue.
E Pößli im Gſpräch thuet wol.
Es git brijerlei Geinu: das Fuletſchu-Geinu, das Hunger-
  Geinu, und das Gebet-Geinu (Gähnen).
Mit Zirlimirlimache chunnt me nit fürſi.
Ungrecht Guet lot wie s'Choth vom Rab.
Recht thue iſt über hübſch.
Was ein rent iſt beß minder Sünd.
s'Cha Mänge chlöpfe, er cha nid fahre.
s'Wird öppis bra ſii, ſus gäb's kei G'ruch.
Ne guete Zuelueger ſchafft au.
E churzi Freud und e langi Schmöcki.
Iſt me de Lüte im Muul, ſo iſt men e bald under be Füeße.
Derglitche thue iſt nonig gchüechlet, ſuſt hetti ſcho Mängs
  Chüechli gha.
Nid nahla gwünnt.
Rächt Lüt händ rächt Sache und rächt Härböpfel. Rächt
  Lüt händ e Gattig.
Me cha mit dem Veh rede we me Menſcheverſtand het.
Chunnt's an's Hietu, ſo chunnt's an's Gſchentu (an's Eßu.
  Wallis).
Verderbe will Rath ha.
Im Naſſen iſt bald gwettret. (Wallis. Der Reizbare iſt
  bald gereizt.)

10

Bessert's nit, so rückt's.
Die alte Prophete sind gstorbe und die neue chöned nüt.
Was eim uf b'Nase falle mueß, fallt eim nid uf b'Füeß.
Es ist kei Schlacht so groß, daß nid e paar übrig blibed.
Me weißt wohl was men ist, aber nid was me würd.
Um a Loa schnetzet ma de Chabis.
Me verchauft kei Nase us em Gsicht.

b. Ermahnung.

Bet und chuet.
Iß und vergiß.
Trink und iß, Lazarum nid vergiß.
Essid was er hend, und benkid was er wend.
Iß was b'maft und lid was b'chast.
Lid dich, Gast, sust bist e Last.
Zur Rach bis gmach.
Wer will daß s'em ling, der lueg selb zu sim Ding.
Wer nit chan Gspaß verstan, soll nit zu Liiten gan.
Wer nüt will übrig la, richt' mit dem große Chelle=n a.
Wer en Wii und en Ma will stubiere, de mueß si am
    Morge und z'Abid probiere.
We nu will Vogla fah, mueß nu nit mit dum Stecko an
    b'Stube schlah.
Wer will s'Haar pflanze, mueß i der Höll tanze.
Arbeit i der Juged streng, lebst denn froh und in die Leng.
Wo b'bist, halt reini Hand und e guet guestlet Hoseband.
Was me selber nit ghört het und gsehe, da sött me vor
    keim Mensche verjehe.
D'Sach zum Wort, und s'Geld an en Ort.
Näh wo ist, gä wo brist.
Rostig wie=n e Luus, gang hei und träg's i bis Huus.
Wenn Ise fingsch wie=n e Luus, so träg's hei i bis Huus.

Wer will i b'Visite gu, mueß b'Chind und b'Hünd biheime lu.
De fernbrig Schnee suech nib meh. (Me mueß der alt Schnee
    nib füre sueche.)
Heb Gott vor Auge und s'Brod im Sack und be Choch
    (s'Chöch) vor em Ofeloch.
I Gotts Namen agfange, so goht's i Gotts Namen uus.
Fach a daß chenneft enbu.
Langsam und zweimal!
Halt s'Muul, se flügt der kei Mugg drii.
Schmöck wen i der chüechle, und iß, wen i der gib.
Juchz nib bis b'ab der Chilbi bist. Me mueß nib juchze
    bis b'Chilbi übere=n ist.
Lat euch b'Hose vom Wiib nit näh.
Hab dich immer Besseren nach als du selber bist.
Eis no em Andere wie z'Paris.
Rume nit gsprängt, aber gäng hü.
Niene mit Jl as uf der Flöhjagd. Im Jast sött me nüt
    thue as flöhne.
I schön Gsichtli vergass di nit, s'chönnt au e Låroli sii.
D'Lüt lan rebe, b'Hünd lan maulen, b'Vögel lan gaggen
    und geng grad usi be rächt Wäg gau! Me mueß b'Lüt
    lo rebe, b'Gäns chöne 's nib. Me mueß b'Lüt lo rebe
    und b'Chüe lo träge. Me mueß b'Lüt lo säge u b'Chüe
    lo träge, so git's Chalber.
Di Rath, bis Herz, bi A.., bi Tabakpiife.
Laß be Glotz (Kreisel) uuslaufe. (Schaffhausen.)
Hans hau di nit, b'Suppe ist heißi.
Me mueß b'Arbet uusmache, sust wird si e Brotwurst.
Me mueß nib mit dem große Chelle=n arichte.
Me mueß dem Muul öppen emol e Bröbli ge und s'abe=
    schlucke (Schweigen ist Gold).
Me mueß be Bängel höch werfe, er fallt vo sälber tüüf.
Me mueß der Löffel nib abgeen bis mu selber guueg het.
Me mueß b'Lüt neh wie's sind oder droh (daroh ne) sii.

Me mueß b'Geiß nib z'wit i de Garte lo.
Me mueß nib fure eb b'Chüe im Stal abunde sind.
Me mueß de Chüene b'Milch zum Bare=n i schoppe.
Me mueß dem Hafe de Deckel ablupfe.
Me mueß de Hund ha wie=n er si gwänet ist.
Me mueß huuse wie wänn mer ebig chönnt bliibe, und bäte wie wänn me morn müeßt sterbe.
Me mueß s'Fleisch dem Fäbeli nah haue.
Me mueß s'Färli aluege und nit der Trog.
Me mueß im e böse Hung es Stückli Brot is Muul werfe.
Me mueß d'Zit abwarte we me jung Tuube ha will.
Me mueß boone wo's eim gschooret (gebahnt) ist.
Me mueß em Tüfel uf e Chopf trappe — uf e Stiil trappe.
Me mueß sich gege s'Land helde, s'Land helbet sich nit gege=n eus.
Me mueß immer mache, daß b'Chile zmitz im Dorf bliibt.
- Mach baß b'Chile im Dorf bliibt.
Me mueß b'Auge verbinde im Furtgah, denn lehrt me=n öppis im Heiweg.
Me mueß der Chatz zum Aug luege wil's Zit ist.
Me mueß nib Schmutz mit Schmeer vertriibe welle.
Me mueß nünt verrebe as s'Nasenabbiße.
Me mueß de Hünde=n ihri Hoßig und de Buure ihri Chilbi lo.
s'Mueß Jede bi siim Brod wider z'fride werde.
Me mueß um s'Brod arbeite, eh me zum Fleisch chunnt.
Me mueß der Chalberzit ihri Rächt lo.
Me mueß em Pilatus mit em Kaiser dreue.
Me mueß nünt uf b'Nagelnoth (äußerste Noth) achu lo.
Me mueß b'Gofe vergompa la.
Du muest bem Hund au öppis vormache.
Du muest rebu wenn b'Henne brunzunt.
Me mag's astelle wie me will, so mueß me sibe Pfund Dreck zum Johr fräffe.

Vo be Lumpe mueß me be Wii chaufe.

Me mueß be Lüte be Lauf la und be Nare be Gang.

Me mueß gäng e chlei han und gäng e chlei lau.

Me mueß wüsse z'hebe und z'lo.

Me mueß altwiil öppis im Vivis (Vorrath) bhalte.

Me sell s'Holz schleipfe wie me cha und ma.

Me soll ber Öpfel nib vom Baum schüttle gäb er riif ist.

Me soll nib uf Eim Esel z'Müli füere.

Me soll nib flüge gäb me Fäbere het.

Wo gwinnt me nüt? Me soll es guets Rasiermesser und e gueti Uhr nib verchaufe, e guett Frau nib taub mache und ime Gmeinbroth nib wüest säge.

Wen e Choch vor Hunger stirbt, mueß me=n e unber ber Herbplatte vergrabe.

Wenn du Meister bist, so stiig bu is Stüblt.

Wenn b'Sach am uwärthste ist, so soll me se am wärthste ha. (Von den Feldfrüchten.)

We me cha im Immi huuse, so mueß me nib is Viertel welle.

We me Chirsi gwinnt, so sell me=n ungeruche (v. unten) afoh.

We me s'Chrut kennt, soll mu nit na br Wurzel grabe.

We me le Chalch het, mueß me mit Choth muure.

We' me be Chare nit cha bhebe, mueß me=n e fahre lo.

We me will alt werde, sell me Chnüperrüebe (weiße Rüben) ässe und ber Verbruß nit über b'Strumpfbängel uehe lo cho.

We ma s'ruch Essa verschwora heb, sött ma ka Kottla essa.

We me s'Färli will ha, mueß me be Sack ufhebe.

Wenn b'Chatz Müs frißt, so mueß si füre gä.

Wenn b'handlist, so hanble so, daß di am Morge nüt reut weber s'Geld.

Bist nb hübsch, so thue hübsch.

Inhalt.

Vorwort.

I.

	Seite
Gruß und Anrede	3
Glückwunsch	12
Beileidsbezeugung	13
Interjectionen: Verwunderung	13
Betheuerung	16
Aufforderung und Abfertigung	19
Drohung	24
Verwünschung	25
Nachsprechscherze	26
Sprichwörtliche Namen-, Reim- und Wortspiele . . .	29
Sprichwörtergloffen und Parodieen	34

II.

Redensarten zur Charakteristik von Land und Leuten.

Apologisches. (Erzählende Sprichwörter.)	39
Volksleumund	47
a. Internationale Titulaturen	47
b. Proben von „Hieb-, Stich- und Verachtungs-Namen" .	50

III.

Porträte in schildernden Redensarten.

1. So sieht er aus	55
2. Der Faulpelz	59
3. Nimmersatt und Verschwender	61
4. Der Trunkenbold	63
5. Der Geizhals	66

		Seite
6.	Der Hochmuthsnarr und seine Vettern	68
7.	Der Grobian und seine Sippe	70
8.	Der Zungendrescher	71
9.	Einer, der der Wahrheit spart	73
10.	Kümmelspalter und Streithahn	75
11.	Einer, der's hinter den Ohren hat	79
12.	Einer, mit dem's nicht sauber ist	82
13.	Einer, der das Pulver nicht erfunden	87
14.	Der Pechvogel	92
15.	Der Glückspelz	98
16.	Auf Abwegen, auf Freiersfüßen, in Ehe und Verwandtschaft	100
17.	Kranker, Ablebender, Todter	105

IV.
Lehren und Urtheile der Erfahrung und des Uebereinkommens.

1.	In Haus und Sitte	111
2.	In Stand und Beruf	117
3.	Im bürgerlichen Leben	122
4.	Allgemeines und Vermischtes:	
	a. Erfahrung. Reimsprüche	123
	Reimlose Sprichwörter	129
	b. Ermahnung	146

www.ingramcontent.com/pod-product-compliance
Lightning Source LLC
Chambersburg PA
CBHW030315170426
43202CB00009B/1010